平成26年 改正会社法

改正の経緯とポイント

野村修也
奥山健志 編著

［規則対応補訂版］

有斐閣

はしがき

　平成26年の会社法改正については，すでにいくつかの解説書が書店に並んでいます。どの本にしようか迷われている方も多いのではないでしょうか。

　改正法の解説は，通常，①立法に関与した者が改正審議を踏まえて記述するもの，②学者が学問的な観点から記述するもの，③弁護士等の実務家が実際に活用する者の観点から記述するものに分けられます。それぞれには，一長一短があります。①の場合には，条文だけからはうかがい知れない改正の趣旨が行間からにじみ出てくるといったメリットがありますが，その反面で，立法内容に対する思い入れが強いために批判的な考察に乏しくなるきらいがあります。②の場合は，長年にわたる研究の成果を背景に鋭い批判的考察が加えられますが，実務上の悩みや問題点に触れられない傾向が見受けられます。③の場合は，実務に役立つ度合いが大きいですが，どちらかといえば考察が表層的になりがちです。

　本書は，編者の奥山をはじめ，森・濱田松本法律事務所において会社法関連案件について，多数の実務経験を有する弁護士が執筆しており，基本的には，最先端の実務を踏まえ，実務的観点を取り込んだ③型の解説書となっています。

　しかし，本書の特徴は，それにとどまりません。大学で長年にわたり会社法を研究してきた学者であり，法制審議会会社法制部会の幹事として今回の法改正に深く関与した野村が編者を務めることで，本書に，上記①②のメリットを付加しています。審議に参加した者だけが共有している真の立法趣旨や，学問的な観点からみた批判的考察を加味するよう努めました。

　このように，本書は，改正法の解説書が有する上記3つの性質を兼ね備えている点で，類書と違った特徴を持っています。このことは，会社法の改正に関心を持たれるすべての方々に有用なものであると確信しています。

　間もなく今回の会社法改正に関する法務省令が公表されるものと思いますが，改正法を正しく理解するためには，まずは会社法本体の改正条文を正しく理解す

i

ることが大切です。コンパクトな解説書ですが，改正点は漏れなく解説してあります。本書を通じて，多くの方が改正会社法の理解を深めてくださることを願っています。

平成 26 年 10 月

編著者　野村修也

奥山健志

規則対応補訂版にあたって

規則対応補訂版では，平成 27 年 2 月 6 日に公布された「会社法施行規則等の一部を改正する省令」（平成 27 年法務省令第 6 号）による会社法施行規則及び会社計算規則の改正を反映しました。

平成 27 年 3 月

執筆者紹介

〈編著者〉

野村修也（のむら　しゅうや）　第1部

1985年	中央大学法学部卒業
1987年	中央大学大学院法学研究科博士前期課程修了（法学修士）
1989年	中央大学大学院法学研究科博士後期課程中退
1998年	中央大学法学部教授
2004年	弁護士登録，森・濱田松本法律事務所入所
現　在	中央大学法科大学院教授，弁護士（森・濱田松本法律事務所客員弁護士）

主要著作　「資金調達に関する改正」ジュリスト1472号（2014年），「第400条（委員の選定等），第401条（委員の解職等）」岩原紳作編『会社法コンメンタール9 機関(3)』（商事法務，2014年），「会社法改正で問われる企業統治の未来」会社法務A2Z・2014年8月号，「株主代表訴訟を提起できる範囲」ジュリスト増刊『実務に効く　コーポレート・ガバナンス判例精選』（2013年）

奥山健志（おくやま　たけし）　第2部第1章第3～6節，第2章第6節，第4章

2002年	早稲田大学法学部卒業
2003年	弁護士登録，森・濱田松本法律事務所入所
現　在	弁護士（森・濱田松本法律事務所パートナー），早稲田大学大学院法務研究科准教授

主要著作　「子会社管理についての親会社取締役の責任」ジュリスト増刊『実務に効く　コーポレート・ガバナンス判例精選』（2013年），『株主総会の準備事務と議事運営』（共著，中央経済社，2011年）

〈著者〉

石井裕介（いしい　ゆうすけ）　第2部第1章第2節

1999 年	東京大学法学部卒業
2000 年	弁護士登録，森・濱田松本法律事務所入所
2004 年	法務省民事局出向（会社法現代化に関する改正作業を担当）
2009 年	ニューヨーク州弁護士登録
現　在	弁護士（森・濱田松本法律事務所パートナー）
主要著作	『会社法——改正法案の解説と企業の実務対応』（共著，清文社，2014 年），「コーポレート・ガバナンスに関する規律の見直し」商事法務 1956 号（共著，2012 年）

戸嶋浩二（としま　こうじ）　第2部第3章第1節

1998 年	東京大学法学部卒業
2000 年	弁護士登録，森・濱田松本法律事務所入所
2005 年	コロンビア大学ロースクール修了（LL.M.）
2005 年	Sullivan & Cromwell 法律事務所で執務（〜 2006 年）
2006 年	ニューヨーク州弁護士登録，株式会社東京証券取引所（上場部企画担当）へ出向（〜 2007 年）
現　在	弁護士（森・濱田松本法律事務所パートナー）
主要著作	『事例で分かるインサイダー取引』（共編著，商事法務，2014 年），『株式・種類株式』（中央経済社，2012 年），『企業再生の法務〔改訂版〕』（共編著，金融財政事情研究会，2012 年）

太子堂厚子（たいしどう　あつこ）　第2部第1章第1節

1999 年	東京大学法学部卒業
2001 年	弁護士登録，森・濱田松本法律事務所入所
現　在	弁護士（森・濱田松本法律事務所パートナー）
主要著作	「株主の権利行使に関する利益供与」ジュリスト増刊『実務に効く　コーポレート・ガバナンス判例精選』（2013 年），「個別株主通知に関する諸問題——近時の裁判例を踏まえて」商事法務 1995 号（2013 年）

久保田修平（くぼた　しゅうへい）　第2部第3章第2・3節

2001 年	東京大学法学部卒業
2002 年	弁護士登録，森・濱田松本法律事務所入所
2008 年	コーネル大学ロースクール卒業
2009 年	ニューヨーク州弁護士登録
現　在	弁護士（森・濱田松本法律事務所パートナー）
主要著作	『エクイティ・ファイナンスの理論と実務〔第2版〕』（共著，商事法務，2014 年），『事例でわかるインサイダー取引』（共著，商事法務，2013 年）

稲生隆浩（いのう　たかひろ）　第2部第2章第5節

1999年　早稲田大学法学部卒業
2003年　弁護士登録，森・濱田松本法律事務所入所
現　在　弁護士（森・濱田松本法律事務所パートナー）
主要著作　『倒産法全書(上)(下)〔第2版〕』（共著，商事法務，2014年），『金融機関のための倒産・再生の実務』（共著，金融財政事情研究会，2013年），「濫用的会社分割と詐害行為取消権をめぐる諸問題――最二判平成24・10・12を手がかりとして」NBL989号（共著，2012年）

代　宗剛（だい　むねたか）　第2部第2章第1節

2003年　東京大学法学部卒業
2005年　弁護士登録，森・濱田松本法律事務所入所
現　在　弁護士（森・濱田松本法律事務所パートナー）
主要著作　『M&Aの労務ガイドブック〔第2版〕』（共著，中央経済社，2009年）

森田恒平（もりた　こうへい）　第2部第2章第3節

2004年　京都大学法学部卒業
2005年　弁護士登録，森・濱田松本法律事務所入所
現　在　弁護士（森・濱田松本法律事務所パートナー）
主要著作　「企業間取引訴訟の現代的展開――M&A取引における説明義務と表明保証責任(上)(中)(下)」判例タイムズ1350号・1354号・1370号（共著，2011～2012年）等

河島勇太（かわしま　ゆうた）　第2部第2章第4節

2005年　東京大学法学部卒業
2007年　東京大学法科大学院修了
2008年　弁護士登録，森・濱田松本法律事務所入所
現　在　弁護士（森・濱田松本法律事務所）
主要著作　『自己株式の会計・税務と法務Q&A』（共著，清文社，2013年），『新しい事業報告・計算書類――経団連ひな型を参考に〔第4版〕』（共著，商事法務，2012年）

近澤　諒（ちかさわ　りょう）　第2部第2章第2節

2007年　東京大学法学部卒業
2008年　弁護士登録，森・濱田松本法律事務所入所
現　在　弁護士（森・濱田松本法律事務所）
主要著作　『自己株式の会計・税務と法務Q&A』（共著，清文社，2013年），『新しい役員責任の実務〔第2版〕』（共著，商事法務，2012年）

門松優介（かどまつ　ゆうすけ）　第2部第2章第3節

2006 年	早稲田大学法学部卒業
2008 年	慶應義塾大学法科大学院修了
2009 年	弁護士登録，森・濱田松本法律事務所入所
2012 年	三菱UFJモルガン・スタンレー証券㈱投資銀行本部出向
2015 年	SMBC日興証券株式会社資本市場本部
現　在	SMBC日興証券株式会社資本市場本部
主要著作	『改正会社法の影響と実務対応㊦【組織再編】編』経理情報1389号（共著，2014年）

若林功晃（わかばやし　のりあき）　第2部第1章第2節

2008 年	東京大学法学部卒業
2009 年	弁護士登録，森・濱田松本法律事務所入所
現　在	弁護士（森・濱田松本法律事務所）
主要著作	『株主提案と委任状勧誘〔第2版〕』（共著，商事法務，2015年）

小林雄介（こばやし　ゆうすけ）　第2部第1章第1節

2007 年	東京大学法学部卒業
2009 年	東京大学法科大学院修了
2010 年	弁護士登録，森・濱田松本法律事務所入所
2013 年	東京大学法科大学院非常勤講師
現　在	弁護士（森・濱田松本法律事務所）
主要著作	「役員の第三者責任の活用」銀行法務21・766号（共著，2013年）

白根　央（しらね　ひろし）　第2部第1章第4節

2007 年	東京大学法学部卒業
2009 年	東京大学法科大学院修了
2010 年	弁護士登録，森・濱田松本法律事務所入所
現　在	弁護士（森・濱田松本法律事務所）

田口靖晃（たぐち　やすあき）　第2部第1章第3節

2009 年	京都大学法学部卒業
2010 年	弁護士登録，森・濱田松本法律事務所入所
現　在	弁護士（森・濱田松本法律事務所）
主要著作	『担保権消滅請求の理論と実務』（共著，民事法研究会，2014年）

北山　昇（きたやま　のぼる）　第2部第4章第1・3節

2008年	立教大学法学部法学科卒業
2010年	東京大学法科大学院修了
2011年	弁護士登録，森・濱田松本法律事務所入所
現　在	弁護士（森・濱田松本法律事務所）

朽網友章（くたみ　ともあき）　第2部第1章第5節

2009年	東京大学法学部卒業
2011年	東京大学法科大学院修了
2012年	弁護士登録，森・濱田松本法律事務所入所
現　在	弁護士（森・濱田松本法律事務所）

桑原秀明（くわはら　ひであき）　第2部第2章第2節

2010年	東京大学法学部卒業
2012年	弁護士登録，森・濱田松本法律事務所入所
現　在	弁護士（森・濱田松本法律事務所）

立石光宏（たていし　みつひろ）　第2部第2章第1節

2008年	早稲田大学法学部卒業
2011年	早稲田大学大学院法務研究科修了
2012年	弁護士登録，森・濱田松本法律事務所入所
現　在	弁護士（森・濱田松本法律事務所）
主要著作	「改正会社法の影響と実務対応(下)【組織再編】編」経理情報1389号（共著，2014年）

角田　望（つのだ　のぞむ）　第2部第4章第2・4・5節

2010年	京都大学法学部卒業
2011年	京都大学法科大学院中退
2012年	弁護士登録，森・濱田松本法律事務所入所
現　在	弁護士（森・濱田松本法律事務所）

目　次

第 1 部　改正の背景と経緯

第 1 章　会社法改正の経緯　　002

I　法務大臣の諮問に至るまでの経緯　002
1. 「公開会社法」　002
2. 政権交代とマニュフェスト　003
3. 法制審議会への諮問　003

II　法制審議会会社法制部会の審議　004
1. 異例のスタート　004
2. 震災による中断　004
3. 審議の再開と相次ぐ企業不祥事　005
4. 中間試案の公表から要綱の取りまとめまで　005
5. 要綱案の取りまとめ及び異例の附帯決議　006

III　法案審議　006
1. 始まらない法案審議　006
2. 自民党の法案審査における重要な修正　007
3. 国会審議　007

IV　法務省令の公布と改正会社法の施行　008

第 2 章　会社法改正とコーポレート・ガバナンス　　009

I　モニタリング・モデル（monitoring model）　009
1. 諸外国におけるコーポレート・ガバナンス　009
2. モニタリング・モデルと社外役員　010

II　わが国におけるコーポレート・ガバナンスの問題点　012
1. 会社法制定までの議論　012
2. 今回の改正と実務への影響　013

第2部　改正のポイント

第1章　企業統治（ガバナンス）に関連する改正　016

第1節　社外役員に関連する改正……016

1. 社外取締役の不設置に関する開示等の改正……016
   - (1) 改正の経緯　016
   - (2) 「相当でない理由」の開示が求められる場面　017
     ①定時株主総会における説明　②事業報告における開示
     ③株主総会参考書類における開示
   - (3) 「相当でない理由」の意義　019
   - (4) 適用時期　019
     ①定時株主総会における説明についての適用時期　②事業報告における開示についての適用時期　③株主総会参考書類における開示についての適用時期
   - (5) 社外取締役の選任をめぐるその他の規制等の動向　021
     ①会社法改正法附則25条　②取引所規則の改正
     ③監督指針の改正

2. 社外取締役等の要件の厳格化……023
   - (1) 改正の経緯　023
   - (2) 社外取締役・社外監査役の要件の厳格化　023
     ①親会社等の取締役，使用人等　②兄弟会社の業務執行取締役等
     ③自社の取締役，重要な使用人等の近親者
   - (3) 適用時期　025
   - (4) 独立役員制度　028

3. 社外取締役等の要件に係る対象期間の限定……032
   - (1) 改正の経緯　032
   - (2) 社外取締役等の過去要件　033
   - (3) 適用時期　033

第2節　監査等委員会設置会社……035

1. 監査等委員会設置会社の創設……035
2. 監査等委員会設置会社の制度設計……038
   - (1) 監査等委員会設置会社の機関設計　038
   - (2) 監査等委員の選解任・任期・報酬等　040

　　　　　①監査等委員の選解任　②監査等委員の任期
　　　　　③監査等委員の報酬等
　　（3）**監査等委員会の構成・運営等** 042
　　（4）**監査等委員・監査等委員会の権限・義務** 044
　　　　　①　監査役・監査委員と共通の権限・義務
　　　　　②　監査等委員会固有の権限
　　（5）**監査等委員会設置会社の業務執行と取締役会の権限** 047

　3.　**監査等委員会設置会社への移行のポイント**………………………049
　　（1）**移行に際しての具体的手続・留意点** 049
　　　　　①定款変更　②監査等委員である取締役の選任等　③登記
　　　　　④関連する社内規程等の整備　⑤移行のタイミング
　　（2）**移行に関する検討のポイント** 051
　　　　　①社外役員選任の負担感の緩和　②役員構成の設計の柔軟化
　　　　　③業務執行と監督の分離の促進　④外部からの評価

第3節　会計監査人の選解任等に関する議案の決定権限の委譲等……054

　1.　**改正前会社法の問題点**………………………………………………054
　2.　**会計監査人の選解任等議案の内容の決定権について**……………055
　3.　**会計監査人の報酬等の決定権について**……………………………056
　4.　**適用時期**………………………………………………………………057

第4節　役員の責任限定契約……………………………………………059

　1.　**責任限定契約を締結することが可能な役員の範囲の改正**………059
　　（1）**改正の趣旨** 059
　　（2）**改正の内容** 060
　　　　　①責任限定契約を締結できる者の変更　②登記事項の修正

　2.　**改正にかかる実務対応**………………………………………………061
　3.　**適用時期**………………………………………………………………062

第5節　多重代表訴訟制度の新設等……………………………………064

　1.　**多重代表訴訟制度**
　　　（最終完全親会社等の株主による特定責任追及の訴え）の新設……064
　　（1）**制度新設の趣旨** 064
　　（2）**特定責任追及の訴えの要件** 065
　　　　　①原告適格　②対象となる責任（特定責任）　③責任追及できない場合

（3）　事業報告における特定完全子会社に関する情報の開示　072
　　　（4）　その他の規律　073
　　　（5）　適用時期（経過措置）　075

　2.　株式交換等をした場合における株主代表訴訟
　　　（旧株主による責任追及等の訴え）……………………………………………077
　　　（1）　概要　077
　　　（2）　特定責任追及の訴えとの相違点　079
　　　（3）　その他の規律　080
　　　（4）　適用時期（経過措置）　081

第6節　グループガバナンスに関する改正……………………………083

　1.　内部統制システムに関する改正………………………………………083
　　　（1）　グループ内部統制に関する規定の会社法本体への格上げ，基本方針として決議
　　　　　すべき事項の具体化　083
　　　　　①改正の経緯　②改正の具体的内容　③経過措置（適用時期）
　　　　　④親会社取締役による子会社監督義務の解釈への影響
　　　　　⑤グループ内部統制の見直し
　　　（2）　監査役の監査を支える体制等の整備　089
　　　　　①改正の経緯　②改正の内容　③経過措置（適用時期）　④実務への影響
　　　（3）　内部統制システムの運用状況の概要の事業報告への記載　091
　　　　　①改正の経緯　②改正の内容　③経過措置（適用時期）　④実務への影響

　2.　子会社少数株主保護に関連する情報開示の充実………………………094
　　　（1）　改正の経緯　094
　　　（2）　改正の内容　094
　　　（3）　経過措置（適用時期）　096
　　　（4）　実務への影響　097

第2章　M&Aに関連する改正　　　　　　　　　099

第1節　キャッシュ・アウト………………………………………………099

　1.　総論……………………………………………………………………099
　　　（1）　改正の背景及び概要　099
　　　（2）　キャッシュ・アウトを行うための手法の比較　100
　　　　　①法的効果による区分　②意思決定手続による区分　③まとめ

　2.　特別支配株主の株式等売渡請求………………………………………102
　　　（1）　株式等売渡請求制度の概要　102

　　　　　①概要　②主な概念
　　(2)　**株式等売渡請求制度の手続**　105
　　　　　①株式等売渡請求の方法と対象会社の承認　②通知・公告
　　　　　③事前備置手続・事後備置手続　④売渡株式等の取得・撤回
　　　　　⑤その他の手続
　　(3)　**売渡株主等の救済方法**　111
　　　　　①概要　②売渡株主等による売渡株式等の取得をやめることの請求（差止請求）　③裁判所に対する売買価格の決定の申立て
　　　　　④売渡株式等の取得の無効の訴え
　3.　**全部取得条項付種類株式の取得**　115
　　(1)　**全部取得条項付種類株式の取得手続**　115
　　　　　①概要　②全部取得条項付種類株式の取得手続に関する主な改正点
　　(2)　**少数株主の救済方法**　117
　　　　　①株式買取請求　②取得価格決定申立て　③差止請求
　　　　　④株主総会決議の取消しの訴え
　4.　**株式の併合**　121
　　(1)　**概要**　121
　　(2)　**手続**　122
　　　　　①株主総会決議　②通知・公告　③事前備置手続・事後備置手続
　　(3)　**少数株主の救済方法**　124

第2節　親会社による子会社株式等の譲渡　126

　1.　改正の経緯　126
　2.　改正法の内容　127
　　(1)　株主総会の特別決議の対象となる株式等の譲渡　127
　　(2)　株式買取請求等　128
　3.　実務上の論点等　128
　　(1)　従来の事業譲渡に関する規律との関係　128
　　(2)　議決権移転要件の判断　129
　　(3)　株主総会の承認を受ける「契約」の内容　130
　　(4)　公開買付けに対する応募　131
　4.　適用される時期　131

第3節　反対株主の株式買取請求等に関する改正　132

　1.　株式買取請求に係る撤回制限の実効化　132

(1) 改正の趣旨　132
         (2) 買取口座の創設　133
         (3) 株券の提出等　135
   2. 株式買取請求の効力発生時点の統一 ································· 136
   3. 買取価格決定前の支払制度の創設 ··································· 137
   4. 簡易組織再編，略式組織再編等における株式買取請求権の廃止 ········ 140
   5. 適用時期 ·· 141

 第4節　組織再編等の差止請求 ·· 144
   1. 改正の経緯 ·· 144
   2. 組織再編等の差止請求の要件等 ····································· 145
         (1) 要件　145
         (2) 具体的な適用が問題となる場面　147
         (3) 効果　147
         (4) その他手続上の留意点　147
   3. 適用時期 ·· 148

 第5節　会社分割における債権者の保護 ·· 149
   1. 詐害的な会社分割等における債権者の保護 ························· 149
         (1) 詐害的な会社分割等における債権者保護の必要性　149
              ①事業再生の場面における会社分割の活用　②会社法の施行と詐害的な
              会社分割の頻発　③残存債権者を保護する判例・裁判例
         (2) 新設された制度の内容　151
              ①要件・効果等　②民法424条の詐害行為取消権との相違点
         (3) 会社分割の詐害性の判断基準（「債権者を害する」の解釈）　153
         (4) 適用時期　155
         (5) 実務への影響　155
              ①事業再生の実務への影響　②残存債権者による債権回収への影響
              ③承継会社・事業譲受会社への影響　④M&A実務への影響
   2. 分割会社に知れていない債権者の保護 ······························ 156
         (1) 分割会社に知れていない債権者の保護の必要性　157
              ①分割会社に知れている債権者との不公平性　②分割会社に知れていな
              い不法行為債権者の保護の不十分性
         (2) 改正の内容　158
         (3) 実務への影響　159

第6節　その他M&Aに関する改正 160

1. 株主総会等の決議取消しの訴えの原告適格 160
   - (1) 改正の経緯，内容　160
   - (2) 経過措置（適用時期）　161
   - (3) 実務への影響　161
2. 人的分割における準備金の計上 161
   - (1) 改正の経緯，内容　161
   - (2) 経過措置（適用時期）　162

第3章　資金調達に関連する改正　163

第1節　支配株主の異動を伴う募集株式の発行等 163

1. 改正の趣旨 163
2. 改正法が適用される場面（2分の1の計算） 164
   - (1) 合算の範囲　164
   - (2) 種類株式・公募　165
   - (3) 募集新株予約権の場合　166
3. 改正法が適用される場合の手続 167
   - (1) 通知・公告　167
   - (2) 株主総会が必要となる場合　168
   - (3) 株主総会の手続　168
   - (4) 募集新株予約権の場合　169
4. 取引所の企業行動規範との関係 171

第2節　新株予約権無償割当てに関する割当通知に関する改正（ライツ・オファリングに関連する改正） 173

1. 改正の趣旨 173
2. 改正法後の手続 174

第3節　仮装払込みによる募集株式の発行等 176

1. 改正の趣旨 176
2. 仮装払込みに関する改正法のまとめ 178

第4章　その他　　179

第1節　株主名簿等の閲覧等の拒絶事由 …… 179
1. 株主名簿等閲覧拒絶事由の縮減 …… 179
2. 改正の内容 …… 180
3. 適用時期 …… 181
4. 実務への影響 …… 181

第2節　募集株式が譲渡制限株式である場合等の総数引受契約 …… 183
1. 改正の趣旨，背景 …… 183
2. 改正の内容 …… 184
3. 適用時期 …… 185

第3節　監査役の監査の範囲に関する登記 …… 186
1. 改正の経緯 …… 186
2. 改正の内容 …… 187
3. 適用時期 …… 188
4. 実務への影響 …… 188

第4節　発行可能株式総数に関する規律 …… 190
1. 改正の背景 …… 190
2. 改正の内容 …… 191
3. 適用時期 …… 192

第5節　特別口座の移管 …… 193
1. 改正の趣旨 …… 193
2. 改正の内容 …… 193
3. 適用時期 …… 194

事項索引　197

凡　例

(1)　文献ほか

江頭〔第5版〕	江頭憲治郎『株式会社法〔第5版〕』（有斐閣，2014）
江頭〔第4版〕	江頭憲治郎『株式会社法〔第4版〕』（有斐閣，2011）
坂本・一問一答	坂本三郎編著『一問一答　平成26年改正会社法』（商事法務，2014）
会社法制部会第○会会議議事録△頁	法制審議会会社法制部会の各会議議事録
要　綱	会社法制の見直しに関する要綱
中間試案	会社法制の見直しに関する中間試案
中間試案補足説明	会社法制の見直しに関する中間試案の補足説明
平成27年省令パブコメ結果△頁	法務省「会社法の改正に伴う会社更生法施行令及び会社法施行規則等の改正に関する意見募集の結果について」（2015年2月6日付）

(2)　法令

法令は，原則として有斐閣『六法全書』巻末の「法令名略語」によったほか，以下の略称を用いた。

旧法	平成26年法90号による改正前の会社法
改正法	平成26年法90号による改正後の会社法
改正法附則	平成26年法90号の附則
旧会社則	平成27年法務省令6号による改正前の会社法施行規則
旧会社計算	平成27年法務省令6号による改正前の会社計算規則
改正会社則	平成27年法務省令6号による改正後の会社法施行規則
改正会社計算	平成27年法務省令6号による改正後の会社計算規則
改正省令附則	平成27年法務省令6号の附則
金　商	金融商品取引法
社振法	社債，株式等の振替に関する法律
改正社振法	平成26年法90号による改正後の社債，株式等の振替に関する法律

東証上場規程	東京証券取引所有価証券上場規程
監督指針	主要行等向けの総合的な監督指針／中小・地域金融機関向けの総合的な監督指針

(3) 判例集・雑誌

民(刑)集	大審院,最高裁判所民(刑)事判例集
判時	判例時報
判タ	判例タイムズ
金判	金融・商事判例
金法	金融法務事情
ジュリ	ジュリスト
法時	法律時報

第1部

改正の背景と経緯

第1章
会社法改正の経緯

I 法務大臣の諮問に至るまでの経緯
1.「公開会社法」

　今回の会社法改正は，平成17年に商法典から会社法が独立して以来，初めての改正である。会社法については，制定当初より，非公開会社を原則とする規律の仕方に批判的な立場から，会社法と金融商品取引法を融合させる形で「公開会社法」に変えるべきとの声が上がっており，その具体的な提言は，平成19年に日本取締役協会から「公開会社法要綱案（第11案）」として公表されていた[1]。その背後には，かつて日本市場に投じられていた海外投資家の資金が日本を通り越してシンガポールや香港などに流れていることへの危機感があった。

　中央省庁も同様の問題意識を共有していた。なかでも，積極的に検討を進めたのが経済産業省と金融庁だった。経済産業省は平成20年12月に「企業統治研究会」を立ち上げ，平成21年6月17日に報告書を公表した[2]。それによれば，金融商品取引所の上場規則等によって，社外取締役の設置と，その役割及び機能等についての開示を求めることとし，それに従わない場合には，当該企業独自の方法で，企業統治体制を整備・実行することについて開示すること等が提案された。同月17日には，金融庁が設置した金融審議会金融分科会「我が国金融・資本市場の国際化に関するスタディグループ」も報告書を取りまとめ，1名ないし複数の独立性の高い社外取締役の設置を金融商品取引所の上場規則等を通じて促すべきことが提言された[3]。細かな点で差異はあるものの，これらの報告書の骨子は

---

1) この案では，有価証券報告書提出会社を公開会社とし，証券市場と適合的な会社形態となるよう厳しい規律を求める法律を構想していた。この提案は，その後，早稲田大学グローバルCOE《企業法制と法創造》総合研究所のプロジェクトに移管された。
2) http://www.meti.go.jp/report/downloadfiles/g90617b01j.pdf
3) http://www.fsa.go.jp/singi/singi_kinyu/tosin/20090617-1/01.pdf

一致しており，いずれも金融商品取引所の上場規則を用いて社外取締役の設置を促すなど，コーポレート・ガバナンスの強化を求めるものだった。

2. 政権交代とマニュフェスト

その直後に行われた平成21年8月の衆議院議員選挙で，自民党から民主党に政権が交代した。この選挙では，両党とも政権公約（マニュフェスト）を掲げて戦う選挙手法がとられたが，自民党は政権公約集の中に，また，民主党は「民主党政策集INDEX2009」の中に「公開会社法の制定」を明記したことで[4]，いずれの政党が政権をとっても会社法の改正が俎上に載ることは明らかだった。

3. 法制審議会への諮問

政権交代を果たした民主党は早速独自の公開会社法案の検討に入ったが，支持母体である労働組合の影響を受けて，内部統制の強化の項目の中に「監査役の一部を労働者の代表から選ぶ」という項目が挿入されたことで，議論を呼ぶことになった[5]。そうした中で，法務省は，法務大臣による法制審議会への諮問内容の検討に入ったが，論者ごとに「公開会社法」のイメージが異なっていたことや，会社法を所管する法務省と金融商品取引法を所管する金融庁との間に思惑の違いがあったことなどから，諮問文書の起案に腐心する事態となった。最終的には，「会社法制について，会社が社会的，経済的に重要な役割を果たしていることに照らして会社を取り巻く幅広い利害関係者からの一層の信頼を確保する観点から，企業統治の在り方や親子会社に関する規律等を見直す必要があると思われるので，その要綱を示されたい。」（諮問第91号）という形で落ち着いた。この諮問では，

---

4) 概ねその内容は，①上場企業に対し，社外取締役の導入を義務付けて経営の監視を強化する，②社外取締役の割合を取締役会の3分の1程度にする，③社外取締役の資格要件を厳格化し，親会社や重要な取引を行う企業から派遣された者は社外取締役になれないようにする，④監査役会に従業員代表の選任を義務付け，不当な従業員解雇や事業売却を経営陣が行えないようにするという4点からなり，これを会社法の「特別法」で実現しようというものだった。
5) 今回の改正に対する政治の影響については，江頭憲治郎「会社法改正によって日本の会社は変わらない」法時86巻11号（2014）59頁参照。

図表1-1　改正の経緯

・平成22年2月24日	法務大臣が法制審議会に会社法改正を諮問（諮問第91号）
・平成22年4月	会社法制部会の審議開始 平成23年3月から7月上旬まで中断
・平成23年12月7日	「会社法制の見直しに関する中間試案」の取りまとめ
・同日	「会社法制の見直しに関する中間試案の補足説明」公表
・平成24年1月31日	パブリック・コメント締め切り
・平成24年2月22日	会社法制部会再開
・平成24年8月1日	会社法制部会における要綱案及び附帯決議の取りまとめ
・平成24年9月7日	法制審議会総会において「会社法制の見直しに関する要綱及び附帯決議」を承認し，法務大臣に答申
・平成25年11月29日	会社法改正法案を閣議決定・臨時国会へ提出（継続審議）
・平成26年6月20日	参議院本会議にて可決・成立

「公開会社法」という言葉は消え，従業員代表監査役の問題も「会社を取り巻く幅広い利害関係者からの一層の信頼を確保する観点」という理念の中に吸収され，具体的な方策は法制審議会での議論に委ねられる形となった（以下，**図表1-1**参照）。

Ⅱ　法制審議会会社法制部会の審議

1．異例のスタート

　法制審議会の部会での審議は，要綱に盛り込むべき項目について，法務省側の素案を基に検討を進めるのが一般であるが，今回の改正を議論することになった法制審議会の会社法制部会は，平成22年4月に審議を開始してからしばらくの間，利害関係者から幅広くヒアリングを行うといった形でスタートした。そうこうしているうちに，同年7月に参議院議員選挙が行われ，与党民主党の大敗に終わった。その結果，いわゆる「ねじれ国会」となり，政治情勢が大きく変化したが，このことは会社法制部会の審議にも微妙に影響を及ぼした。

2．震災による中断

　平成22年8月以降，会社法制部会の審議は，法務省の提示する素案を1つずつ議論していくといった通常のスタイルに戻ったが，平成23年3月11日の東日本大震災との関係で，法務省の担当参事官らが株主総会の特例措置等の対応に追

われたことから，同年7月上旬まで審議は中断した。

3．審議の再開と相次ぐ企業不祥事

　審議が再開されて間もなく，相次ぐ不祥事が世間の関心を集めた。1つは，オリンパス株式会社が巨額の損失を「飛ばし」ていた事件で，平成23年7月に発覚した。もう1つは，大王製紙株式会社において創業家の一員である前会長が，カジノ等に興ずるために総額100億円を超える会社の資金を不当に引き出していた事件で，平成23年9月に発覚した。一般に，コーポレート・ガバナンスに関する議論は，①経営効率を高めるための仕組み作りといった観点と，②企業不祥事による株価の下落リスクを防止するといった観点とが絡み合って展開される。会社法制部会における議論は，当初どちらかと言えば①の観点が重視されていたが，巷間の注目を集める企業不祥事が相次いだことで②の観点からの発言も多くなった。大規模な第三者割当増資や不公正ファイナンスに対する批判の声も高まった[6]。

4．中間試案の公表から要綱の取りまとめまで

　再開後の審議を経て，平成23年12月7日に「会社法制の見直しに関する中間試案」の取りまとめが行われた。同時に，法務省民事局参事官室は，「会社法制の見直しに関する中間試案の補足説明」を公表し，中間試案はパブリック・コメントの手続に付された。平成24年1月31日に締め切られたパブリック・コメントを踏まえ，会社法制部会は同年2月22日に再開し，審議は後半戦に入った。

　中間試案では取り上げられていたが，要綱から落とされた事項は少なくない。中間試案では，社外取締役を義務付ける【A案】【B案】が前面に出ていたが，要綱ではいわゆるcomply or explainの方式で決着した。また，いわゆる従業員代表監査役については「なお検討する」ものとされていたが（中間試案第1部第2の2(注)），要綱からは外された。さらには，中間試案では，子会社少数株主の保

---

[6]　野村修也「資金調達に関する改正」ジュリ1472号（2014）25頁。

護として，株式会社とその親会社との利益が相反する取引によって当該株式会社（子会社）が不利益を受けた場合における当該親会社の責任に関して明文の規定を設ける方向で検討が進められていたが，要綱では制度の新設自体が見送られた。

5．要綱案の取りまとめ及び異例の附帯決議

かくして，会社法制部会は，平成24年8月1日に要綱案を取りまとめたが，この際には，社外取締役の会社法での義務付けを見送る代わりに，証券取引所の上場規則での規律に委ねるべく，異例の附帯決議がなされた[7]。

> 附帯決議
>   1　社外取締役に関する規律については，これまでの議論及び社外取締役の選任に係る現状等に照らし，現時点における対応として，本要綱案に定めるもののほか，金融商品取引所の規則において，上場会社は取締役である独立役員を一人以上確保するよう努める旨の規律を設ける必要がある。
>   2　1の規律の円滑かつ迅速な制定のための金融商品取引所での手続において，関係各界の真摯な協力がされることを要望する。

Ⅲ　法案審議

1．始まらない法案審議

平成24年9月7日，法制審議会の総会で要綱が正式に承認されたが，その後間もなく，衆議院議員選挙が行われ，自民党が圧勝し政権に復帰した。そうした政治情勢の影響もあり，政権交代直後に開催された臨時国会や平成25年の通常国会では，法案審議のスケジュールとの関係で会社法改正法案は閣議決定が見送られ，国会に上程されなかった。

---

7)　この附帯決議は，「要綱案と内容として一体をなすもの」であるが，「上場規則は，金融商品取引所が定める規則であり，金融商品取引所の免許・監督等を定める金融商品取引法の改正を審議する内閣総理大臣の諮問機関たる金融審議会ならともかく，会社法の見直しを審議している部会が，金融商品取引所の上場規則の改正につき報告をまとめて法務大臣に答申を行うことは相当でない」（岩原紳作「『会社法制の見直しに関する要綱案』の解説(Ⅰ)」商事法務1975号〔2012〕11頁）との理由からこの形式が採られたものである。

2. 自民党の法案審査における重要な修正

　自民党は，伝統的に，内閣が提案する法案については，あらかじめ自民党の各部会における法案審査を経て了解を得られない限り，閣議決定が行われない仕組みになっている。安倍晋三内閣は，いわゆるアベノミクスの第3の矢の政策の1つとして，上場企業のコーポレート・ガバナンス改革を掲げていた関係もあり，会社法の改正に前向きだったが，他方で，自民党内では民主党政権下で審議された法案をそのまま通すことへの批判や，社外取締役の義務化を見送ったことが世界のトレンドからして緩すぎるとの批判が渦巻いていた。

　そうした攻防を受けて，最終的に閣議決定された法案では，社外取締役を設置しない場合の説明方法等に関して重大な変更が加えられた。詳しくは，後に該当箇所で論ずるが，重要なポイントとしては，取締役の選任議案において社外取締役が候補者に含まれていない場合の説明義務が加えられたこと（改正法327条の2），社外取締役を「置くことが相当でない理由」の記載方法がひな形的な対応になることを防ぐため，「相当でない理由」は個々の株式会社の各事業年度における事情に応じて記載しなければならないことや，社外監査役が2名以上あることのみをもって「相当でない理由」とすることはできないことが法務省令で定められることになった。さらに，重要な点として，改正法の附則に次のような条項が設けられ，改正法の施行後2年という異例の短さで，社外取締役の義務付け等を視野に入れた見直しが行われることになった。

> 改正法附則第25条
> 　政府は，この法律の施行後2年を経過した場合において，社外取締役の選任状況その他の社会経済情勢の変化等を勘案し，企業統治に係る制度の在り方について検討を加え，必要があると認めるときは，その結果に基づいて，社外取締役を置くことの義務付け等所要の措置を講ずるものとする。

3. 国会審議

　平成25年秋の臨時国会の最終段階である平成25年11月29日に，会社法改正法案は，ようやく閣議決定され国会に上程されたが，期限切れで継続審議となった。この時点で，明らかになった法案では，先に述べた自民党による修正のほか，

いくつかの点で要綱と異なる内容になっていた。中でも重要なポイントは、金融商品取引法に違反した者の議決権行使の差止請求制度は見送りとなった点である。その理由は必ずしも明らかではないが、法案の作成段階で、内閣法制局の了解を得られる形で条文を作成することが難しかった点にあったのではないかと推察される。

継続審議となった平成26年の通常国会では、予算及びその関連法案の審議を終えた4月の段階で衆議院本会議で可決されたが、その後、参議院の法務委員会で、新設された特別支配株主の株式等売渡請求の代金の支払について同時履行が確保できていないといった点が問題視され、審議が長引いた。この点をめぐって会期末まで攻防が繰り広げられたが、最終的には、平成26年6月20日の参議院本会議で可決・成立した。

Ⅳ　法務省令の公布と改正会社法の施行

会社法の一部を改正する法律（平成26年法律第90号）は、会社法の一部を改正する法律の施行に伴う関係法律の整備等に関する法律（平成26年法律第91号）とともに、平成26年6月27日に公布された。これに伴って、平成27年2月6日には、会社法施行規則等の一部を改正する省令（平成27年法務省令第6号）が公布され、会社法施行規則や会社計算規則などが改正された。

平成27年1月23日には、会社法の一部を改正する法律の施行期日を定める政令（平成27年政令第16号）が公布され、改正会社法は平成27年5月1日に施行される運びとなった。

第2章
会社法改正とコーポレート・ガバナンス

I　モニタリング・モデル（monitoring model）
1．諸外国におけるコーポレート・ガバナンス

　企業不祥事に伴う株価の下落リスクを防止することが唯一の目的であるならば、独立した立場から違法性監査を行う監査役制度を充実させれば足りるとも言えるが、経営の効率性や株価の向上を促すと言った観点からは、役員の任免権等を梃子に経営に緊張感を持たせる新たな仕組み作りが重要となる[1]。

　諸外国では、経営者を選んだり、その報酬を決定したりする強大な権限を、経営者から独立した役員が掌握しながら経営を監視するといった、いわゆるモニタリング・モデル（monitoring model）が主流になっている[2]。アメリカの場合には、取締役会が執行役の業務執行を監督することになっているが、独立取締役の活用によって取締役会の独立性を高めることで、モニタリング・モデルを実現させている（図表2-1参照）。

　また、わが国と同様に、取締役による業務執行とは一線を画した監査役制度を活用することで、いわゆる二層システム（dual board）を採用しているドイツでも[3]、まず株主総会が監査役を選任し、監査役が取締役を選任したり解任したりする仕組みとなっている（図表2-2参照）。また、監査役会は、一定の業務執行に

---

[1] 武井一浩「プラスを伸ばすガバナンスと独立取締役」商事法務1994号（2013）4頁以下では、独立役員には、①利益相反処理の法的職責を正面から受け止めることで、利益相反を過度に気にすることによる経営の停滞を回避したり、②インセンティブ報酬を提言したりすることによって、プラスを伸ばすことができると指摘している。
[2] モニタリング・モデルについて詳しくは、川濱昇「取締役会の監視義務」森本滋ほか編『企業の健全性確保と取締役の責任』（有斐閣、1997）3頁、11頁以下参照。また、モニタリング・モデルを指向する世界の潮流については、加藤貴仁「コーポレート・ガバナンスをめぐるルールのコンバージェンス——独立取締役の導入と証券取引所の役割を題材にして」ソフトロー研究18号（2011）55頁以下参照。

図表 2-1　アメリカのコーポレート・ガバナンス

ついて同意権を留保することができ（ドイツ株式法 111 条 4 項 2 文），業務執行の意思決定にも影響を及ぼしている。さらに，任意であるが，監査役会の中に，監査委員会や人事委員会を設ける会社が増えている。このように，ドイツにおけるコーポレート・ガバナンスは，形式的には二層システム（dual board）を維持しているものの，実態としてはモニタリング・モデルを採用していると評価することができる[4]。

2. モニタリング・モデルと社外役員

　モニタリング・モデルの提唱者であるアイゼンバーグ教授は，経営の基本方針の承認および役員の選任・解任を基礎とする業務執行の監督を担うべき取締役会と，業務の執行機関である役員との分離を促したが，かかる分離を実現する手段として，独立した社外取締役の活用を主張した[5]。

　イギリスでは，1992（平成 4）年のキャドベリー委員会報告書[6]が，取締役会

---

[3]　監査役会は取締役の業務執行を監査ないし監督することを本来的な任務としており（ドイツ株式法 111 条 1 項），監査役会が業務執行を行うことや，監査役が取締役を兼任することも禁止されている（ドイツ株式法 105 条）。その意味で，業務執行権限を有する者が自ら監督をするアメリカ型の一層システム（unitary board）とは異なっている。

[4]　高橋英治『ドイツ会社法概説』（有斐閣，2012）167 頁は，「ドイツにおける監査役会による実効的な監督機能は，監査役会が有する取締役の選解任権によって支えられている」と述べている。

[5]　Malvin A. Eisenberg, The Structure of Corporate Law 162-170 (1976).

図表 2-2　ドイツのコーポレート・ガバナンス

のモニタリング機能の強化を主張し，その充実策として社外取締役（非業務執行取締役[7]）の役割に着目した。すなわち，社外取締役（非業務執行取締役）には，①業務執行取締役の業績を適切に評価する役割と，②業務執行取締役に潜在的な利益相反が生ずる場面における解決者としての役割が期待されたわけである。こうした考え方は，1998（平成 10）年の統合規範（Combined Code），2003（平成 15）年のヒッグス報告書[8]，同年の改訂統合規範，2006（平成 18）年の改訂統合規範，2010（平成 22）年の企業統治規範（The UK Corporate Governance Code）に受け継がれている。

　このように諸外国では，社外役員は，モニタリング・モデルにとって決定的に重要な役割を果たすものと理解されてきた[9]。その意味で，今回はわが国においても，法制審議会会社法制部会の審議の中で，立案担当者が社外取締役の 3 つの機能を整理したことは，注目に値する[10]。すなわち，①経営効率の向上のための助言を行う機能（助言機能），②経営全般の監督機能（これはさらに，(a)取締役会における重要事項の決定に関して議決権を行使することなどを通じて経営全般を監督する機能と，(b)経営全般の評価に基づき，取締役会における経営者の選定・解職の決定

---

6) Report of the Committee on the Financial Aspects of Corporate Governance (1992).
7) イギリスでは，伝統的に「業務執行取締役（Executive Directors）」と「非業務執行取締役（Non-executive Directors）」との区別に着目してきた。わが国でも，会社法 2 条 15 号に定める「社外取締役」の定義の中で「業務執行取締役（株式会社の第 363 条第 1 項各号に掲げる取締役及び当該株式会社の業務を執行したその他の取締役をいう。以下同じ。）」という概念が用いられている。この点に関連し，武井・前掲注 1) は，わが国においても「社内・社外を考える前に，まず業務執行執行役員なのか非業務執行役員なのかの区別があるという議論が整理しやすい」と述べている。
8) Review of role and effectiveness on Non-executive Directors (2003).
9) 川口幸美『社外取締役とコーポレート・ガバナンス』(弘文堂，2004）参照。
10) 法務省民事局参事官室「会社法制の見直しに関する中間試案」（2011 年 12 月）。

に関して議決権を行使することなどを通じて経営者を監督する機能〔経営評価機能〕とに分けられる），③利益相反の監督機能（これはさらに，(a)会社と経営者との間の利益相反を監督する機能と，(b)会社と経営者以外の利害関係人との間の利益相反を監督する機能とに分けられる）というのがそれであり，このうち②(b)と③の点に，社外取締役の義務付けを議論する意義があると整理されたわけである。まさに，この2つの点こそが，モニタリング・モデルにおける社外役員の役割と位置づけることができる。

II　わが国におけるコーポレート・ガバナンスの問題点

1．会社法制定までの議論

わが国の会社法は，明治時代にドイツの会社法を参考にして制定され，戦前まで使われてきたが，戦後になって，GHQの指令に基づきアメリカの制度が一部導入された。

しかし昭和25年に導入したアメリカ型のコーポレート・ガバナンスは必ずしもうまく機能しなかった。なぜなら，もともとわが国では，ドイツ法を継受する形で三権分立型の仕組みを取り入れてきたため，アメリカ型の取締役会の採用は，文字通り木に竹を接ぐ形になったからである。

こうした状態で昭和40年代を迎えたが，山陽特殊製鋼のような大型粉飾決算事件が多発したことから，昭和49年に監査システムの強化を図り始める。昭和50年1月に法制審議会が招集され，抜本的改正のプログラムを作った。同審議会で問題点の洗い出しは行ったが時間的スケジュールは決定しなかったため，そのプログラムの完成は平成12年となった。しかしその間に東西冷戦が終結し，国際競争が地球規模で展開されるようになる中で，アメリカが自国のガバナンス・システムを世界中に輸出し始める。その結果，国際マーケットで資金調達するにはアメリカ型のガバナンスをとっていなければ評価されない状況が生まれた。

そこでわが国では平成13年から，これまでとは全く違ったパラダイムが動き始める。それはアメリカ型の委員会（等）設置会社の導入である。つまり，指名委員会，監視委員会，報酬委員会が人事権や報酬権を握りながら社長を背後から

監視するという仕組みである。その結果、大企業では2種類のガバナンスの形態が出現し、整合性がとれないようになってしまった。一例を挙げると、取締役の責任について古いルールでは、かなりの事項が無過失責任ということになっていた。しかし、委員会（等）設置会社では、ごく一部の例外を除き責任を問われるのは過失があった時のみとなった。同じ株式会社であるにもかかわらず、選択した機関設計の違いによって、取締役の責任ルールが違うというのは説明がつかない。この例のような不整合を解消するために、平成17年の会社法改正では、この2つのパラダイムを1つにまとめ直そうというプロジェクトが展開された。他方、同じような問題は、有限会社と譲渡制限のある株式会社の間にも見られた。これらは、その実態が同じであるにもかかわらずルールが違っていた。例えば有限会社では決算公告は行わなくてもよかったが、株式会社ではそれが義務付けられていた。しかし、実態が同じであることから、結局のところ後者は、決算公告を行わないで済ませるといった違法状態が蔓延していた。このためこうした中小企業においても、同様な性質の会社であれば同じルールの下でくくり直すことが必要になり、平成17年の会社法改正に至った。

2. 今回の改正と実務への影響

外国人株主を中心に、モニタリング・システムの観点から従来の監査役会設置会社に対する疑問が数多く提起されているにもかかわらず、平成17年の会社法改正後も、委員会設置会社（今回の改正で、指名委員会等設置会社と名称が変わった）はほとんど利用されず、圧倒的多数の上場企業は監査役会設置会社の形をとり続けた。その結果、独立しているが十分な権限を持たない監査役会と、社長の人事権を有するが事実上社長によって支配されている取締役会とが併存する形が維持され、モニタリング・モデルとは程遠い状況が継続している（図表2-3参照）。

委員会設置会社（指名委員会等設置会社）が採用されない理由としては、①法律上は2名の社外取締役で設置できるが、見え方の問題を考えると、より多くの社外取締役が必要になる点や、②指名委員会や報酬委員会の権限が強すぎて、経

図表 2-3 わが国における監査役会設置会社

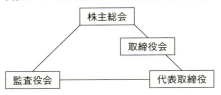

営者が敬遠しがちである点などが指摘されている。また，伝統のある会社では，取締役の中に使用人や執行役員を兼務する者を多く含む場合があり，取締役会をモニタリング・システムに純化しにくいといった声も聞かれる。さらには，わが国の場合には，従業員が出世して経営者になるといったキャリアパスが一般的で，経営者を専門家として捉えていない面があることから，経営能力を有する人材が十分に育成されておらず，モニタリング・システムの担い手が乏しいことも指摘されている。

こうした中で，今回の改正は，社外取締役の義務化を見送る代わりに，監査等委員会設置会社という新しいガバナンス・システムを導入した。2名の社外取締役で設置可能であり，また，委員会設置会社（指名委員会等設置会社）に比べ，監査等委員の人事や報酬に対する関与の度合いが小さいことから，採用しやすい形態と言える。今後，この制度がどれだけ活用されるかは未知数であるが，いずれにせよ，これを機会にそれぞれの会社が将来に向けてどのようなコーポレート・ガバナンスを取り入れるのか，経営陣を交えて検討することが必要になったと言えるだろう。

もちろん，コーポレート・ガバナンスの改革は，会社法の改正だけで実現するものではない。その意味で，証券取引所の上場規程はもちろん，機関投資家の議決権行使等にかかるスチュワードシップ・コードや，政府が成長戦略の一環として検討を進め平成27年3月5日に最終案が確定したコーポレートガバナンス・コードの動向にも注目する必要がある。

第2部

改正のポイント

第1章

企業統治（ガバナンス）に関連する改正

第1節　社外役員に関連する改正

1．社外取締役の不設置に関する開示等の改正

 改正のポイント

①社外取締役の選任義務付けは見送り。

②「社外取締役を置くことが相当でない理由」の開示。

(1)　改正の経緯

　法制審議会会社法制部会（以下「会社法制部会」という）における会社法制の見直しの審議の中で，取締役会の監督機能を充実させる観点から，一定の株式会社に1人以上の社外取締役の選任を法律により義務付けることの是非が，大きな論点の1つとして議論された。

　そして，平成24年9月7日に法制審議会が採択した「会社法制の見直しに関する要綱」（以下「要綱」という）において，社外取締役の選任義務付けは見送られた。ただし，それに代わる制度として，一定の株式会社に社外取締役が存しない場合，「社外取締役を置くことが相当でない理由」を事業報告の内容とするという開示規制が導入されることとなった（要綱第1部第1の2（前注））。これは，英国等においてコーポレート・ガバナンスの規制方法として採用されている「Comply or Explain」（遵守するか，遵守しないときは説明せよ）と同様の規律を採用したものである。

　要綱に基づく会社法の一部を改正する法律案（以下「会社法改正法案」という）は，平成25年11月29日に閣議決定され国会提出されたが，会社法改正法案に

おいては，閣議決定の直前に，自民党法務部会の審議に基づき要綱における「社外取締役を置くことが相当でない理由」の開示規制がさらに強化されている。すなわち，社外取締役が存しない場合，事業報告における開示規制の導入にとどまらず，定時株主総会における「社外取締役を置くことが相当でない理由」の説明義務の規定（改正法327条の2）が会社法に新設されるとともに，社外取締役の候補者を含まない取締役の選任議案を株主総会に提出するときには，「社外取締役を置くことが相当でない理由」を株主総会参考書類の記載事項とする旨を会社法施行規則に新たに定めることとされた。

(2) 「相当でない理由」の開示が求められる場面

公開・大会社である監査役会設置会社であって有価証券報告書提出会社である株式会社について，以下の場面において，「相当でない理由」の開示が求められる。

① 定時株主総会における説明

事業年度の末日において，公開・大会社である監査役会設置会社であって有価証券報告書提出会社である株式会社が社外取締役を置いていない場合，取締役は，当該事業年度に関する定時株主総会において，「社外取締役を置くことが相当でない理由」を説明しなければならない（改正法327条の2）。

この「相当でない理由」の説明義務は，株主総会における株主からの質問に応じて課される取締役等の説明義務（会社法314条）とは異なり，株主からの質問の有無にかかわらず，定時株主総会において取締役による説明が求められるものである[1]。

② 事業報告における開示

事業年度の末日において，公開・大会社である監査役会設置会社であって有価証券報告書提出会社である株式会社が社外取締役を置いていない場合，「社外取締役を置くことが相当でない理由」を，事業報告に記載しなければならない（改

正会社則124条2項)。

③　株主総会参考書類における開示

公開・大会社である監査役会設置会社であって有価証券報告書提出会社である株式会社が，社外取締役を置いていない場合であって，社外取締役の候補者を含まない取締役の選任議案を株主総会に提出するときは，「社外取締役を置くことが相当でない理由」を株主総会参考書類に記載しなければならない（改正会社則74条の2第1項）。

▶ 規制が適用される対象会社の範囲

「社外取締役を置くことが相当でない理由」の開示規制の適用対象は，公開・大会社である監査役会設置会社であって有価証券報告書提出会社である株式会社である。ここにいう「公開会社」とは，上場会社の意味ではなく，発行する株式の全部又は一部について譲渡制限が付いていない会社のことである（会社法2条5号）。また，「大会社」とは最終事業年度に係る貸借対照表に計上した資本金の額が5億円以上又は負債の額が200億円以上の株式会社のことをいう（同条6号）。そして，有価証券報告書提出会社については，基本的には上場会社が念頭に置かれるが，上場していなくても最近5事業年度のいずれかの末日における株主数が1000名以上である会社等も有価証券報告書を提出する義務があり（金商24条1項），上場会社よりも範囲が広いことになる。

---

1) 株主からの質問の有無にかかわらず説明が求められるという意味において，第三者割当増資の有利発行決議に際して，株主総会において「当該払込金額でその者の募集をすることを必要とする理由」を説明しなければならないとする規定（会社法199条3項），取締役の報酬等について，不確定金額の報酬や現物報酬を定め，又は改定する決議に際して，株主総会において，「当該事項を相当とする理由」を説明しなければならないとする規定（会社法361条2項・1項2号又は3号），又は，吸収合併契約等の承認に際して，差損が生じる場合に，株主総会において「その旨」を説明しなければならないとする規定（会社法795条2項）と共通する。もっとも，改正法327条の2の説明義務は，株主総会の議案と関係のない事項の説明であるという意味において制度として異例なものである（江頭〔第5版〕384頁）。

(3) 「相当でない理由」の意義

「社外取締役を置くことが相当でない理由」の意義については，その文言上，単に社外取締役が必要でない理由では足りず，社外取締役の設置が相当でない積極的理由，すなわち，一般的には社外取締役を置くことが有用と考えられていることを前提として，当該会社についてはそれが相当でない特別な理由の説明が求められると解される[2]。従来の有価証券報告書の記載事項である「社外取締役又は社外監査役を選任しない場合には，その旨及びそれに代わる社内体制及び当該社内体制を採用する理由」（企業開示第二号様式・記載上の注意(57)a(c)）と比較しても，より踏み込んだ記載が求められている。

なお，自民党法務部会の審議に基づき，前記(2)②の事業報告における開示及び同③の株主総会参考書類における開示に関して，「社外取締役を置くことが相当でない理由」の内容について，(a)個々の株式会社の各事業年度又は当該時点における事情に応じて記載しなければならず，かつ，(b)社外監査役が2名以上あることのみをもって「相当でない理由」とすることはできないことが，会社法施行規則に規定されている（改正会社則124条3項及び同74条の2第3項）。

(4) 適用時期

① 定時株主総会における説明についての適用時期

前記(2)①の定時株主総会における説明（改正法327条の2）について，経過措置は設けられていない。したがって，同規定は，施行日後，直ちに適用されることになる。

改正法の施行日は平成27年5月1日とされたところ，3月決算会社については，平成27年3月期末において社外取締役が存しなければ，同年6月開催の定時株主総会において「相当でない理由」の説明が求められる。当該定時株主総会において社外取締役を選任する場合も，当該説明が不要となるわけではない点には留意が必要である。

---

[2] 江頭〔第5版〕384頁。

② 事業報告における開示についての適用時期

　前記(2)②の事業報告における開示については，経過措置が設けられており，施行日以後に監査を受ける事業報告については，改正会社法施行規則124条2項及び3項の規定を適用するとしている（改正省令附則2条6項ただし書）。なお，「監査役の監査を受ける」時がいつを指すかについては，特定取締役が，特定監査役から事業報告及びその附属明細書に関する監査役会の監査報告の内容の通知を受けた日を意味する（会社則132条2項）。

　したがって，3月決算会社について，平成27年3月期末において社外取締役が存しない場合で，改正法の施行日である同年5月1日以後に同年6月開催の定時株主総会に係る事業報告について監査を受けるときは，事業報告において「社外取締役を置くことが相当でない理由」の記載が求められることとなる。

③ 株主総会参考書類における開示についての適用時期

　前記(2)③の株主総会参考書類における開示についても，経過措置が設けられており「施行日前に招集の手続が開始された株主総会又は種類株主総会に係る株主総会参考書類の記載については，なお従前の例による。」とされている（改正省令附則2条5項）。したがって，施行日以後に招集手続が開始された株主総会又は種類株主総会に係る株主総会参考書類の記載については，改正後の会社法施行規則が適用されることとなる。なお，ここで「招集手続が開始された」の意義については，株主総会参考書類の記載事項が（取締役会設置会社においては取締役会の決議によって）決定された時点を指す（会社法298条1項5号・4項，会社則63条3号イ参照）と解されている（平成27年省令パブコメ結果19頁〜20頁）。

　したがって，社外取締役を置いていない3月決算会社について，改正法の施行日である同年5月1日以後に同年6月開催の定時株主総会に係る招集手続が開始された場合で，社外取締役の候補者を含まない取締役の選任議案が株主総会に提出されるときは，株主総会参考書類において「社外取締役を置くことが相当でない理由」の記載が求められることとなる。

(5) 社外取締役の選任をめぐるその他の規制等の動向

① 会社法改正法附則 25 条

　改正法における社外取締役の選任義務付けは見送られたが，会社法改正法附則においては，施行後 2 年を経過した場合において，社外取締役の選任状況その他の社会経済情勢の変化等を勘案し，必要があると認めるときは，社外取締役を置くことの義務付け等所要の措置を講ずる旨の附則が設けられている（改正法附則 25 条）。法律による社外取締役の選任義務付けの要否について，引き続き検討が行われることとなる。

② 取引所規則の改正

　前記のとおり，社外取締役の義務付けは要綱の段階で見送られたが，要綱においては，金融商品取引所の規則において，上場会社は取締役である独立役員を 1 人以上確保するよう努める旨の規律を設ける必要があることが附帯決議として決議されていた。これを受けて，会社法改正法案の国会提出と同日，東京証券取引所（以下「東証」という）は，「〔上場会社は，〕取締役である独立役員を少なくとも 1 名以上確保するよう努めなければならない」ことを求める上場制度の見直しを公表し，平成 26 年 2 月 10 日に施行された（東証上場規程 445 条の 4）。

　また，政府が平成 26 年 6 月 24 日にまとめた成長戦略では，東証によるコーポレートガバナンス・コードの策定が掲げられ，東証と金融庁を共同事務局とする有識者会議（コーポレートガバナンス・コードの策定に関する有識者会議）の議論を経て，平成 27 年 3 月 5 日にコーポレートガバナンス・コード原案が策定・公表されたが，「上場会社は独立社外取締役を少なくとも 2 名以上選任すべきである」（原則 4-8）との内容が含まれている。コーポレートガバナンス・コードの適用開始は，平成 27 年 6 月 1 日が予定されているところ，上場会社としては，これらの取引所の規則改正等の動向にも注視が必要である。

③ 監督指針の改正

　会社法の改正や取引所の上場規則の改正の動きを受け，金融庁は，銀行及び銀

行持株会社に対する独立性の高い社外取締役の導入を促すため，「主要行等向けの総合的な監督指針」及び「中小・地域金融機関向けの総合的な監督指針」（以下，併せて「監督指針」という）を改正し，「銀行及び銀行持株会社は，銀行業務の公共性に鑑み，当該銀行及び当該銀行持株会社の子銀行の業務の健全かつ適切な運営が求められるていることも踏まえ」上場銀行及び上場銀行持株会社については，「取締役の選任議案の決定に当たって，少なくとも1名以上の独立性の高い社外取締役が確保されている」ような経営管理（ガバナンス）の態勢となっているか検証する旨を監督指針に新たに定め，平成26年6月4日付で施行されている。

> **point 実務のポイント**
>
> 　以上に述べた法律や取引所規則等の改正のほか，社外取締役の選任を求める機関投資家の議決権行使の動向を踏まえ，上場会社における社外取締役選任はこれまで以上に加速している[3]。例えば，海外の機関投資家に強い影響力を有する議決権行使助言会社であるISSは，平成25年から適用した議決権行使助言方針において，総会後に社外取締役（独立性は問わない）が1人も存在しない場合に経営トップの再任議案に反対を推奨するとの方針を採用しており，現に，経営トップへの賛成比率が大きく低下した事例があったことは，上場会社に大きな影響を与えた。なお，ISSは，平成28年2月から，取締役会に複数名の社外取締役がいない企業のトップに反対を推奨するとのポリシー変更を公表しているところであり，上場会社に与える影響はさらに大きなものとなることが予測される。現在社外取締役を選任していない上場会社においては，法律や取引所規則等の改正や機関投資家の議決権行使の動向を前提に，自社のあるべきガバナンス体制を踏まえ，社外取締役の選任の要否や員数を検討することとなる。

---

3) 東証の調査によれば，平成26年6月総会を終えて，社外取締役を選任する東証一部上場企業の割合は74.3％となり，平成25年8月の時点の62.3％と比べて10ポイント以上の増加となった（東証平成26年7月25日付「東証上場会社における社外取締役の選任状況について〈確報〉」）。

また，改正法の施行日前に社外取締役を選任していない公開・大会社である監査役会設置会社であって有価証券報告書提出会社である株式会社は，施行日後に開催される定時株主総会における「社外取締役を置くことが相当でない理由」の説明内容を検討する必要がある。

2. 社外取締役等の要件の厳格化

 改正のポイント

① 社外取締役・社外監査役の要件として，「親会社等の関係者でないこと」「兄弟会社の関係者でないこと」及び「自社の取締役等の近親者でないこと」を追加。
② 「重要な取引先の関係者でないこと」を社外取締役・社外監査役の要件とすることは見送り。

(1) 改正の経緯

　改正前会社法の社外取締役・社外監査役の要件は，自社又は子会社の出身者等でないという「社外性」が求められており，親会社関係者や兄弟会社関係者，重要な取引先の関係者，経営者の近親者等も要件を満たすこととなるため，経営者と利害関係を有しない「独立性」の観点で疑義があるとの指摘があった。
　そこで，改正法においては，社外取締役・社外監査役の要件における独立性を強化し，「親会社等の関係者でないこと」「兄弟会社の関係者でないこと」及び「自社の取締役等の近親者でないこと」が追加された。

(2) 社外取締役・社外監査役の要件の厳格化

　改正法では，以下の①～③に該当する場合，社外取締役・社外監査役の要件を満たさないこととされている。なお，下記①～③のいずれも，「現在」これらに該当しないことが求められており，「過去」にこれらを満たすことは求められな

い。

① 親会社等の取締役，使用人等

親会社等の取締役，使用人等は，現職である限り，子会社の社外取締役や社外監査役になることができない（改正法2条15号ハ・16号ハ）。

したがって，改正法の下では，親会社の全ての役職員が子会社の社外取締役又は社外監査役を兼務することはできないこととなる。

> ▶ 親会社等
> 　親会社又は株式会社の経営を支配している者（法人であるものを除く）として法務省令で定めるものを併せて「親会社等」と定義されている（改正法2条4号の2，改正会社則3条の2第2項・3項）。すなわち，当該株式会社の経営を支配している法人のほか，自然人（会社オーナー株主）を含む概念である。

② 兄弟会社の業務執行取締役等

親会社等の子会社等（すなわち，いわゆる兄弟会社）の業務執行取締役等は，他の兄弟会社の社外取締役や社外監査役になることができない（改正法2条15号ニ・16号ニ）。

上記①の親会社関係者と異なり，兄弟会社の関係者については，業務執行に携わっていない限り，他の兄弟会社の社外取締役や社外監査役になることは制限されていない。

> ▶ 子会社等
> 　子会社又は会社以外の者がその経営を支配している法人として法務省令で定めるもののことをいう（改正法2条3号の2，改正会社則3条の2第1項・3項）。要するに，子会社，オーナー株主が経営を支配している会社のことを指す。

③　自社の取締役，重要な使用人等の近親者

　自社の取締役，重要な使用人等の配偶者又は2親等内の親族は，社外取締役や社外監査役になることができない（改正法2条15号ホ・16号ホ）。

　使用人については，単なる使用人は含まれず，「重要な使用人」に限ってその近親者の社外性を否定するとされている。「重要な使用人」の意義については，取締役や執行役等の経営者に極めて近い地位にある者を指し，そのような経営者に準じるような者（具体的には，執行役員など）をいうとされている[4]。

> ▶ 2親等内の親族の範囲
> 　具体的には，本人の両親（1親等），祖父母（2親等），兄弟姉妹（2親等），子（1親等），孫（2親等），配偶者の両親（1親等），配偶者の祖父母（2親等），配偶者の兄弟姉妹（2親等）が範囲に含まれる（民725条・726条）。

　このほか，会社法制部会においては，「重要な取引先の関係者でないこと」も要件とすべきかが審議されたが，重要性の基準の設定が容易ではなく，例えば，一律の金額等の基準を採用するのが適切であるか疑問があることなどから，結論として採用されなかった。

　改正法における，自社の社外取締役・社外監査役となるための要件をまとめたものが，**図表1-1**と**図表1-2**である（表中の「過去」欄に記載の，社外取締役等の要件に係る対象期間の限定については，後述する）。

(3)　適用時期

　社外取締役・社外監査役の要件に関しては，会社法改正法附則4条において，「この法律の施行の際現に旧会社法第2条第15号に規定する社外取締役又は同条第16号に規定する社外監査役を置く株式会社の社外取締役又は社外監査役につ

---

[4]　岩原紳作「『会社法制の見直しに関する要綱案』の解説(I)」商事法務1975号（2012）12〜13頁参照。

図表1-1 当社の社外取締役となるための要件（改正後）

			業務執行取締役	執行役	使用人	非業務執行取締役		会計参与	監査役		近親者
現在	当社		×	×	×	○		欠格事由	兼任禁止		×（注1）
	子会社		×	×	×	社外取締役でない非業務執行取締役 ○	社外取締役 △（注2）	○	社外監査役でない監査役 ○	社外監査役 △（注2）	○
	親会社等	法人	×	×	×	×		欠格事由	兼任禁止		○
		自然人	当該自然人本人は×								×（注3）
	兄弟会社		×	×	×	○		○	○		○
過去	当社		×			○		○	○		○
	子会社		対象期間が全期間→就任の前10年間に限定（注4）			○		○	○		○

※網かけ部分は今回の改正で新たに禁じられる部分。

(注1) 当社の取締役・執行役・支配人その他の重要な使用人の配偶者又は2親等内の親族
(注2) 当社における社外取締役の要件との関係では，子会社の社外取締役・社外監査役も当社の社外取締役に就任できるものの，その場合，子会社から見ると親会社の取締役となり，子会社における社外取締役・社外監査役の要件を満たさないこととなるため，当社の社外取締役と子会社の社外取締役又は社外監査役との兼任は認められない。
(注3) 親会社等（自然人であるものに限る）の配偶者又は2親等内の親族
(注4) 就任の前10年内のいずれかの時において，当社又は子会社の非業務執行取締役・会計参与・監査役であったことがある場合，当該非業務執行取締役・会計参与・監査役への就任の前10年間も対象期間として追加される（改正法2条15号ロ）。

いては，この法律の施行後最初に終了する事業年度に関する定時株主総会の終結の時までは，新会社法第2条第15号又は第16号の規定にかかわらず，なお従前の例による。」との経過措置が定められている。

同条は，経過措置の適用対象を，「この法律の施行の際現に旧会社法第2条第15号に規定する社外取締役又は同条第16号に規定する社外監査役を置く株式会社」と定めており，経過措置の適用は，改正法の施行時に社外取締役又は社外監査役を置いている会社単位で及ぶことになる[5]。

---

[5] 坂本三郎ほか「平成26年改正会社法の解説(Ⅲ)」商事法務2043号（2014）11頁参照。

図表1-2　当社の社外監査役となるための要件（改正後）

		業務執行取締役	執行役	使用人	非業務執行取締役	会計参与	監査役		近親者
現在	当社	兼任禁止	—	兼任禁止	兼任禁止	欠格事由	○		×（注1）
	子会社	兼任禁止	兼任禁止	兼任禁止	兼任禁止	兼任禁止	社外監査役でない監査役 ○	社外監査役 △（注2）	○
	親会社等 法人	×	×	×	×	欠格事由	×		○
	親会社等 自然人	当該自然人本人は×							×（注3）
	兄弟会社	×	×	×	○	○	○		○
過去	当社	×						○	○
	子会社	対象期間が全期間→就任の前10年間に限定（注4）					○		○

※網かけ部分は今回の改正で新たに禁じられる部分。

(注1) 当社の取締役・支配人その他の重要な使用人の配偶者又は2親等内の親族
(注2) 当社における社外監査役の要件との関係では、子会社の社外監査役も当社の社外監査役に就任できるものの、その場合、子会社から見ると親会社の監査役となり、子会社における社外監査役の要件を満たさないこととなるため、当社の社外監査役と子会社の社外監査役との兼任は認められない。
(注3) 親会社等（自然人であるものに限る）の配偶者又は2親等内の親族
(注4) 就任の前10年内のいずれかの時において、当社又は子会社の監査役であったことがある場合、当該監査役への就任の前10年間も対象期間として追加される（改正法2条16号ロ）。

　したがって、改正法の施行時（平成27年5月1日時点）に改正前会社法上の社外監査役を置く3月決算の株式会社については、経過措置が適用される結果、当該社外監査役のみならず、改正法施行後の平成27年6月定時株主総会に選任される監査役も、改正前会社法における社外性の要件（以下「旧要件」という）のみを満たし、改正後の社外性の要件（以下「新要件」という）を満たしていない場合であっても、経過措置の適用期間である平成28年6月定時株主総会の終結時までは、社外監査役としての地位が認められることとなる（この時を過ぎると、社外性を失い社内の監査役となる）。他方、改正法の施行時に改正前会社法上の社外監査役を置いていない株式会社については、経過措置の適用がないため、改正法施行後に新たに社外監査役を選任しようとする場合、新要件を満たす必要があ

る。

　なお，改正法の施行時に改正前会社法上の社外監査役は置いているが，社外取締役は置いていない株式会社が，改正法施行後に新たに社外取締役を選任しようとする場合は，当該社外取締役の選任に際し，経過措置の適用はなく，新要件を満たすことが必要となる[6]。

(4) 独立役員制度

　上場会社に関しては，前記の会社法の社外性の要件の見直しに先行して，取引所のルールにより役員の独立性に関する規律の整備が進められてきた。すなわち，上場会社においては，社外取締役及び社外監査役の双方について「社外性よりも厳格な独立性の要件の制定」や「経営陣からの独立」を求める投資家等の意見が多く挙がっていたことなどを背景に，東証は，平成21年12月に上場規程等の一部改正を行い，一般株主保護のため，上場会社に対し1名以上の独立役員（一般株主と利益相反が生じるおそれのない社外取締役又は社外監査役）の確保を義務付けた（東証上場規程436条の2第1項）。他の各証券取引所も同様の措置をとった。

　なお，法制審議会が採択した要綱の附帯決議を受けて，「〔上場会社は，〕取締役である独立役員を少なくとも1名以上確保するよう努めなければならない」ことを求める上場制度の見直しが，平成26年2月10日に施行されたことは前述（20頁）のとおりである（東証上場規程445条の4）。

　上場会社については，会社法の求める要件を満たすことは当然のこととして，併せて取引所ルールをも遵守することが求められるため，以下，独立役員制度において求められる独立性について述べる。

> ▶ 独立役員
> 　取引所規則は，一般株主と利益相反が生じるおそれのない社外取締役（会社法2条15号に規定する社外取締役であって，会社法施行規則2条3項5号に

---

[6]　坂本ほか・前掲注5) 12頁参照。

規定する社外役員に該当する者をいう）又は社外監査役（会社法2条16号に規定する社外監査役であって，会社法施行規則2条3項5号に規定する社外役員に該当する者をいう）を「独立役員」と定義付けている（東証上場規程436条の2）。

上場会社には，独立役員の確保に係る企業行動規範の遵守状況を確認するため，取引所への「独立役員届出書」の提出が求められるとともに（東証上場規程施行規則436条の2第1項1号），独立役員の確保状況を「コーポレート・ガバナンス報告書」において開示することが求められている（東証上場規程204条12項1号，同施行規則211条4項5号）。

上場管理等に関するガイドラインにおいては，類型的に一般株主と利益相反の生じるおそれがある場合が規定されており（独立性基準），親会社・兄弟会社の業務執行者，主要取引先等の業務執行者，当該上場会社から多額の報酬を得ている専門家などの社外取締役・社外監査役は，原則として独立性基準に抵触するものとして，独立役員として届け出ることができないものとされる（東証上場管理等に関するガイドラインⅢ5.(3)の2）。

また，独立性基準に該当する場合に加え，過去に独立性基準に抵触していた場合や上場会社の主要株主である場合には，開示加重要件に該当するものとして，その事実を踏まえてもなお一般株主と利益相反のおそれがないと判断し，独立役員として指定する理由を独立役員届出書やコーポレート・ガバナンス報告書において開示することが求められる（東証上場規程施行規則211条4項5号a)[7]。

---

[7] なお，上場会社の経営者による企業価値の重大な毀損行為が相次いで発覚したことを受けて，東証は平成24年5月10日付で上場規程等の改正を行い，独立役員届出書やコーポレート・ガバナンス報告書においては，独立役員の属性情報として，(i)上場会社の取引先又はその出身者，(ii)社外役員の相互就任の関係にある先の出身者，(iii)上場会社が寄付を行っている先又はその出身者に該当する場合には，原則として，該当状況及びその概要の記載を要する，開示項目の追加も行っている（東証上場規程施行規則211条4項5号b）。これはあくまで情報開示の拡充を図るもので，独立性基準や開示加重要件を追加するものではない。
　また，平成27年6月1日を目処に実施予定の東証の上場規則の改正により，開示加重要件は廃止され，属性情報の記載に統一されることが予定されている。

図表1-3 独立性基準

	該当する事由	備考
独立性基準	a. 親会社又は兄弟会社の業務執行者	「業務執行者」とは、会社則2条3項6号に規定する業務執行者をいい、業務執行取締役のみならず使用人を含む。監査役は含まれない。
	b. 当該会社を主要な取引先とする者若しくはその業務執行者又は当該会社の主要な取引先若しくはその業務執行者	「主要な取引先」に該当するか否かについては、会社則2条3項19号ロに掲げる「当該株式会社の主要な取引先である者（法人以外の団体を含む。）」に準じて上場会社が判断する。
	c. 当該会社から役員報酬以外に多額の金銭その他の財産を得ているコンサルタント、会計専門家又は法律専門家（当該財産を得ているものが法人、組合等の団体であるときはその構成員を含む）	「多額の金銭その他の財産」に該当するか否かについては、会社則74条4項6号ロ又は同76条4項6号ロの「多額の金銭その他の財産（これらの者の取締役、会計参与、監査役、執行役その他これらに類する者としての報酬等を除く。）」に準じて上場会社が判断する。
	d. 最近においてaからcまでに該当していた者	「最近においてaからcまでに該当していた」場合とは、実質的に現在、aからcまでに該当している者と同視できるような場合をいう[8]。
	e. 次の(a)から(c)までのいずれかに掲げる者（重要でない者を除く）の近親者 　(a) aからdまでに掲げる者 　(b) 当該会社又はその子会社の業務執行者＊ 　(c) 最近において(b)に該当していた者	「重要でない」に該当するか否かについては、会社則74条4項6号ハに準じて上場会社が判断する。

＊社外監査役を独立役員として指定する場合にあっては業務執行者でない取締役又は会計参与（当該会計参与が法人の場合はその職務を行うべき職員を含む）を含む。

　以上の独立性基準と開示加重要件をまとめたものが、**図表1-3**と**図表1-4**である。

---

8) 例えば、当該独立役員を社外取締役又は社外監査役として選任する株主総会の議案の内容が決定された時点において、aからcまでのいずれかに該当していた場合等が含まれる（東証上場部編『最新東証の上場制度整備の解説』〔商事法務、2010〕57頁）。

図表1-4　開示加重要件

	該当する事由	備考
開示加重要件	A. 独立性基準a＋過去に業務執行者であった者	「業務執行者」の解釈については，「独立性基準」のaを参照。
	B. 独立性基準b＋過去に業務執行者であった者	「主要な取引先」の解釈については，「独立性基準」のbを参照。
	C. 独立性基準c＋過去に団体に所属していた者	「多額の金銭その他の財産」の解釈については，「独立性基準」のcを参照。
	D. 当該会社の主要株主（当該主要株主が法人等の場合，業務執行者及び過去に業務執行者であった者）	「主要株主」とは，金融商品取引法163条1項に規定する主要株主をいう[9]。
	E. 次の(a)又は(b)のいずれかに掲げる者（重要でない者を除く）の近親者 (a) AからDまでに掲げる者 (b) 当該会社又はその子会社の業務執行者又は過去に業務執行者であった者＊	「重要でない」の解釈については，「独立性基準」のeを参照。

＊社外監査役を独立役員として指定する場合にあっては業務執行者でない取締役若しくは業務執行者でない取締役であった者又は会計参与若しくは会計参与であった者（当該会計参与が法人の場合はその職務を行うべき職員を含む）を含む。

point 実務のポイント

　社外性の要件厳格化は，上場会社・非上場会社を問わず，全ての会社に適用がある。改正法によって自社の社外取締役又は社外監査役が社外性の要件を失うこととなる場合，その後の役員構成をどうするか，また，今後選任する社外取締役や社外監査役は改正法の要件を満たす者を選任するか等の検討を，改正法の施行時期も見据えつつ行う必要がある。

　また，改正法では，「重要な取引先の関係者でないこと」は社外役員の要件とされなかったが，前記(4)のとおり，上場会社に係る取引所の独立役員の要件としては，自社の主要な取引先の業務執行者であることは独立性を失わせる事由と考えられている。さらに，機関投資家の議決権行使の動向としても，重要な取引先の出身者を社外役員候補者とする役員選任議案に対して反

---

9) 東証上場部編・前掲注8) 59頁。

対の議決権行使がされる傾向も強まっている。上場会社においては，法律上の社外役員の要件や取引所のルールのほか，機関投資家等の議決権行使の動向等も考慮して，社外役員の人選を行う必要がある。

3. 社外取締役等の要件に係る対象期間の限定

 改正のポイント

①過去要件の対象期間を就任前10年間に限定。
②就任前10年内に監査役等であった者に関する追加要件。

(1) 改正の経緯

　改正前会社法では，過去に1度でも自社又は子会社の業務執行取締役等であった場合は，社外取締役・社外監査役の要件を満たさないものとされている[10]。

　もっとも，経営者の指揮命令系統に一旦属したことがあっても，その後株式会社又はその子会社との関係が一定期間存しないことにより，経営者との関係が希薄になり，社外取締役等として期待される機能を実効的に果たすことができると考えられることから，かかる過去要件については要件として厳しすぎるとの指摘が従前よりあった。また，今回の改正で社外性の要件が厳格化され，社外取締役等の人材確保の要請等にも配慮する必要があるとされていた。

　そこで，改正法においては，前記2.のとおり社外性の要件を厳格化する一方で，過去要件については対象期間を限定する要件緩和が併せて行われた。

---

10) 平成13年当時の株式会社の監査等に関する商法の特例に関する法律18条1項では，社外監査役の要件について，「その就任の前5年間会社又はその子会社の取締役又は支配人その他の使用人でなかった者」とされていたところ，取締役退任後に監査役に就任し，5年以上経過した後に社外監査役に就任する者が多くみられ，社外監査役制度の意図した目的が十分に達せられていないとの指摘がなされたことから，平成13年法律第149号による同法の改正により，5年間という対象期間の限定が撤廃されたという経緯によるものであり，平成17年の会社法制定の際にも，この点は変更されなかった。

(2) 社外取締役等の過去要件

　改正法においては，社外取締役・社外監査役の過去要件に係る対象期間が，原則として就任前10年間に限定された（改正法2条15号イ・16号イ）。

　ただし，例えば，株式会社の業務執行取締役であった者が，その後，自社の監査役等の過去要件（改正法2条15号イ・16号イ）に該当しない地位に就いて10年経過したのちに，自社の社外取締役又は社外監査役になろうとするといった社外取締役及び社外監査役に関する制度趣旨を損なうような運用を防止する趣旨で，就任前10年内のいずれかの時に自社又は子会社の非業務執行者の地位（例えば，非業務執行取締役や会計参与，監査役など）であったことのある者は，社外性の要件を満たすためには，さらにそれらの地位に就く前10年間自社又は子会社の業務執行取締役等でないことまで求められている（改正法2条15号ロ・16号ロ）。

　当該改正も含めた，改正法における自社の社外取締役・社外監査役となるための要件をまとめたものが，前記**図表1-1**と**図表1-2**である。

(3) 適用時期

　社外取締役等の過去要件の緩和の適用時期は，前記2.(3)の適用時期と同様である。

　すなわち，社外取締役等の要件に関して，会社法改正法附則4条の経過措置の適用がない場合，改正法の施行後は，改正法に従い，社外取締役等の選任にあたって，過去要件に係る対象期間は原則として就任前10年間に限定されることとなる。

　これに対し，同条の経過措置の適用がある場合には，経過措置の適用期間内（この法律の施行後最初に終了する事業年度に関する定時株主総会の終結の時まで）においては，社外取締役等の選任にあたって，過去要件の対象期間の点についても「なお従前の例による」こととなり，過去要件の対象期間は，改正前会社法と同様に，無限定となる。したがって，改正法の施行時（平成27年5月1日時点）に改正前会社法上の社外監査役を置く3月決算の株式会社については，経過措置が適用される結果，改正法施行後の平成27年6月定時株主総会において社外監査

役を選任しようとする場合も、当該監査役は、過去に1度も自社又は子会社の業務執行取締役等となったことのない者の中から選任することが必要となる。

 実務のポイント

　社外取締役・社外監査役の過去要件が緩和されたことは、社外役員の人材確保の面で一定の配慮がなされたものと評価できる。今後新たに選任する社外取締役や社外監査役の候補者の検討にあたっては、社外性の要件厳格化と過去要件の緩和を踏まえ、改正法の要件を満たすか否かを遺漏なく確認できるよう整える必要がある。

第2節　監査等委員会設置会社

 改正のポイント

① 新たな機関設計の選択肢として，社外取締役の活用と取締役会による業務執行者の監督の強化を図る「監査等委員会設置会社」が創設される。
② 監査等委員会は，非業務執行者である取締役3名以上（かつその過半数は社外取締役）で構成され，その地位や権限等は，監査役や指名委員会等設置会社における監査委員会の規律にならって定められている。
③ 各社においては，複数社外取締役選任の流れへの対応や，ガバナンスの機能状況等の個別事情を充分に勘案して，監査等委員会設置会社制度を採用するか否かを検討する必要がある。

1．監査等委員会設置会社の創設

　改正法においては，新たな機関設計として，監査等委員会設置会社[11]（改正法2条11号の2）が創設される。監査等委員会設置会社の創設に伴い，従来の「委員会設置会社」は，「指名委員会等設置会社」に名称変更される[12]（改正法2条12号）。

　監査等委員会設置会社制度を創設する目的は，経営に対する監督機能を有する社外取締役の活用を促進することにある[13]。

---

11) 要綱では，「監査・監督委員会設置会社（仮称）」とされていたが，法案の段階で「監査等委員会設置会社」との名称に変更された。これは，監査役や監査委員と異なり，監査等委員は，後述（45〜46頁）するとおり，監査等委員である取締役以外の取締役の選解任や報酬等についての意見陳述権や利益相反取引についての事前の承認権限などの点において，監査機能にとどまらず，監督機能をも担っている半面，取締役会が行う監督機能全般を担うわけではないことも踏まえ，監査・監督という文言を用いないこととされたものである。
12) 附則3条により，既存の委員会設置会社は，定款に指名委員会等を置く旨の定めがあるものとみなされる。各委員会の呼称（「指名委員会」「報酬委員会」「監査委員会」）は改正による変更はない。

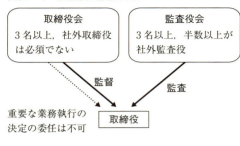
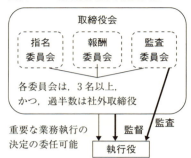

　改正前会社法が用意している機関設計のうち，監査役会設置会社（**図表1-5**）は，取締役の業務執行を取締役会が監督し，監査役会が監査する仕組みである。監査役会は3名以上の監査役から構成され，その半数以上を社外監査役としなければならないため，監査役会設置会社においては必然的に2名以上の社外監査役の選任が義務付けられることになるが（会社法335条3項），これに加えて社外取締役を選任することは，重複感・負担感があるとの指摘がなされている[14]。

　他方，委員会設置会社（改正法における指名委員会等設置会社，**図表1-6**）は，監査役を置かず，業務執行を行う執行役を取締役会が監督する仕組みであり，社外取締役が過半数を占める指名委員会・報酬委員会・監査委員会を設置し，監査委員会が監査を行う。監査役が置かれないため，社外監査役を選任する必要はなく，社外取締役も最低2名で足りるが，指名委員会・報酬委員会を設置することが強制され，役員候補者の指名や報酬等の決定が社外取締役主導となることについての抵抗感等から，委員会設置会社制度は広く利用されるに至っていないとの指摘がなされている[15]。

---

13) 中間試案補足説明第1部第1の2(1)アでは，監査・監督委員会設置会社制度の創設目的として，「経営の決定への関与が経営に対する監督において重要な意義を有するという観点から，社外取締役の機能を活用するため，監査役会設置会社及び委員会設置会社とは異なる新たな類型の機関設計として，監査・監督委員会設置会社制度を創設する」と述べられている。
14) 中間試案補足説明第1部第1の2(1)ア。
15) 中間試案補足説明第1部第1の2。実際，平成26年8月1日公表の日本取締役協会「上場企業のコーポレート・ガバナンス調査」によれば，委員会設置会社は，全上場企業（3787社）のうち59社（1.6%）にとどまるとのことである。

図表 1-7　監査等委員会設置会社

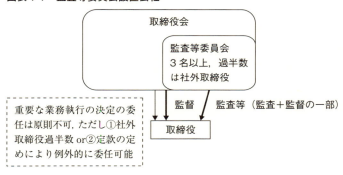

　以上のとおり，改正前会社法における既存の機関設計は，社外取締役の活用という観点では必ずしも利用し易いものではないという問題意識に基づき，本改正において，新たな機関設計の選択肢として，監査等委員会設置会社制度が創設されることとなった。中間試案補足説明第1部第1の2(1)アによれば，「<u>取締役会の監督機能の充実という観点から，自ら業務執行をしない社外取締役を複数置くことで業務執行と監督の分離を図りつつ，そのような社外取締役が，監査を担うとともに，経営者の選定・解職等の決定への関与を通じて監督機能を果たすこと</u>を意図するものである」（下線筆者）とされる。

　監査等委員会設置会社制度のイメージは**図表 1-7** のとおりである。監査等委員会設置会社における業務執行は取締役が担い（執行役を置かない），それを取締役会が監督するという構図は監査役会設置会社と同様である一方で，監査役（会）は置かれず，監査等委員会（過半数は社外取締役）が監査等を行う。

　なお，監査等委員会設置会社制度は，株式会社に対して新たな機関設計の選択肢を与えるものであり，既存の会社や今後新たに設立される会社に監査等委員会設置会社となる義務が課されるわけではない。

2.　監査等委員会設置会社の制度設計

(1)　監査等委員会設置会社の機関設計

　監査等委員会設置会社は，監査等委員会を置く株式会社である（改正法2条11号の2）。株式会社であれば，公開会社であるか否か，大会社であるか否かといった要件にかかわらず，監査等委員会を設置し，監査等委員会設置会社となることができる。

　監査等委員会設置会社においては，必ず取締役会及び会計監査人[16]が置かれる（改正法327条1項3号・5項）。ただし，監査等委員会設置会社においては監査等委員会が監査を行うため，重ねて監査役を置くことはできない（改正法327条4項）。

　監査等委員会の構成員である監査等委員は，取締役でなければならない（改正法399条の2第2項）。すなわち，監査等委員会は「監査等委員である取締役」3名以上で構成され，監査等委員は，いずれも非業務執行者でなければならず[17]，かつ監査等委員の過半数は，社外取締役でなければならない（改正法331条3項・6項）。なお，監査役会設置会社における監査役会では常勤監査役の選定が必要とされているのに対し（会社法390条3項），監査等委員会では常勤の監査等委員を置くことは要件とされていないが，常勤の監査等委員の選定の有無及びその理由は，事業報告の記載事項とされている（改正会社則121条10号イ。次頁**実務のポイント**も参照）。

　また，監査等委員会設置会社においては，指名委員会等設置会社と異なり，指名委員会及び報酬委員会を置くことはできない（改正法327条6項）。これらに相

---

[16]　会計監査人が必須なのは，後述のとおり監査等委員会の監査は内部統制システムを利用して行うことが想定されているところ，内部統制システムの構築にあたっては，計算書類の適正性・信頼性の確保の観点から，会計監査人が重要な役割を果たすと考えられたためである（坂本・一問一答26頁）。

[17]　具体的には，監査等委員である取締役は，①当該監査等委員会設置会社の業務執行取締役，支配人，その他の使用人，②子会社の業務執行取締役，支配人，その他の使用人，会計参与（会計参与が法人である場合にはその職務を行うべき社員），執行役を兼ねることができない（改正法331条3項）。

図表 1-8

	監査役会設置会社	監査等委員会設置会社	指名委員会等設置会社
機関構成	取締役会，監査役会，(会計監査人)	取締役会（内部に監査等委員会），会計監査人	取締役会（内部に指名委員会，監査委員会，報酬委員会）会計監査人，執行役
監査機関とその構成	監査役会 ・監査役3名以上で，半数以上は社外監査役（335条3項） ・常勤者が必要	監査等委員会 ・取締役3名以上で，過半数は社外取締役（331条6項） ・常勤者は不要	監査委員会 ・取締役3名以上で，過半数は社外取締役（400条1項・3項） ・常勤者は不要

※条数はいずれも改正後の会社法を指す。

当する委員会を任意に設置することは可能であるが，かかる委員会は格別の法的権限を持つものではない。

したがって，監査等委員会設置会社においては，社外取締役2名以上を含む監査等委員会を設置すれば，監査役会（社外監査役2名以上の選任が必要となる）の設置も，指名委員会及び報酬委員会の設置も不要となる。また，執行役の選任も不要である（改正法418条参照[18]）。

以上を整理すると，**図表 1-8**のようになる。

point 実務のポイント

監査等委員会においては，常勤の監査等委員を置く必要はないが，任意に置くことは妨げられない。従来の委員会設置会社の監査委員会においても常勤者を置くことは必須ではないが，日本監査役協会のアンケート（「委員会設置会社のコーポレート・ガバナンスと監査実務の事例研究」）によれば，委員会設置会社のうち7割弱の会社で任意の常勤監査委員を置いているとのことであり，監査等委員会設置会社においても常勤の監査等委員を選定することが考えられる。常勤者の有無は，監査等委員である取締役候補者の選定や，社内規程の整備を含めた監査等の手続の調整にも大きく影響すると思われる

---

18) 執行役の職務権限は，指名委員会等設置会社との関係でのみ規定されている。

ので，監査等委員会設置会社への移行の際には，重要な論点の1つとして検討しておく必要があろう。

(2) 監査等委員の選解任・任期・報酬等

監査等委員会設置会社における監査等委員については，選解任，任期及び報酬等の決定方法の点で，監査等委員でない取締役と区別され，相対的により強固な身分保障が図られている。実際にはこれらの規律は，監査役に関する規律に近いものとなっている。

① 監査等委員の選解任

監査等委員である取締役は，株主総会の普通決議により，監査等委員でない取締役とは区別して選任される（改正法329条2項）[19]。また，取締役は原則として株主総会の普通決議により解任することができるが，監査等委員である取締役の解任は，株主総会の特別決議による（改正法309条2項7号）。

さらに，監査等委員の選任議案について，監査等委員会は同意権・提案権（改正法344条の2）を有する。

② 監査等委員の任期

監査等委員である取締役の任期は2年であり，定款や株主総会決議によっても短縮することはできない（改正法332条1項本文・4項）[20]。これに対し，監査等委員以外の取締役の任期は1年であり（改正法332条1項・3項），同じ取締役でも，監査等委員である取締役については他の取締役よりも長い任期が法定されている。

なお，会社法上，取締役会において自己株式取得や剰余金の処分・配当等を決定できる旨の定款規定（分配特則規定）を定めるための要件として，取締役の任

---

[19] 株主総会参考書類記載事項も区別して定められている（改正会社則74条・74条の3）。
[20] 補欠として選任された監査等委員の任期は，前任者の任期満了時までとすることもできる（改正法332条5項）。

期が1年以内でなければならないが，監査等委員会設置会社については，監査等委員以外の取締役の任期が1年以内であればこの要件を満たすものされている（改正法459条1項）[21]。

③ 監査等委員の報酬等

取締役の報酬等の額は，定款又は株主総会の決議により定めるが（会社法361条1項），監査等委員である取締役の報酬等の総額は，それ以外の取締役と区別して定めなければならない（改正法361条2項）[22]。また，株主総会の決議等により，個々の監査等委員である取締役に対する報酬等の額を定めなかった場合には，監査等委員である取締役の協議により決定される（改正法361条3項）。

以上の点を整理し，他の機関構成と比較すると**図表1-9**のとおりである。

> **point　実務のポイント**
>
> 選解任や任期，報酬等に関する規律の差異に鑑みた場合，同じ取締役であっても，監査等委員である取締役と監査等委員以外の取締役とでは，その性質及び位置付けに大きな差異があると評価せざるを得ない。したがって，会社法上，監査等委員である取締役が監査等委員である地位のみを辞任し，取締役の地位にとどまることはできないものと解される[23]。

---

[21] 上記のとおり，監査等委員会設置会社においては，会計監査人が必置であり，かつ監査等委員でない取締役の任期は1年以内と法定されているから，分配特則規定の要件は自動的に充足することとなる。
[22] 株主総会参考書類記載事項も区別して定められている（改正会社則82条・82条の2）。また，事業報告においても，監査等委員である取締役とそれ以外の取締役の報酬は区別して開示することが求められる（改正会社則121条4号イ）。
[23] 坂本三郎ほか「平成26年改正会社法の解説(II)」商事法務2042号（2014）23頁。

図表1-9

	監査役会設置会社における監査役	監査等委員会設置会社における監査等委員である取締役	指名委員会等設置会社における監査委員
選任・選定方法	取締役と別に株主総会で選任（329条1項）	監査等委員以外の取締役と区別して株主総会で選任（329条2項）	株主総会で選任された取締役全体の中から、取締役会で選定（400条2項）
選任議案	取締役会が決定 監査役会に同意権・提案権（343条1項～3項）	取締役会が決定 監査等委員会に同意権・提案権（344条の2第1項・第2項）	指名委員会が決定（404条1項） 監査委員は関与せず
解任・解職方法	株主総会（特別決議）で解任（339条1項・309条2項7号）	株主総会（特別決議）で解任（339条1項・309条2項7号）	取締役会決議で解職（401条1項）
選解任等に関する意見	各監査役が述べることができる（345条1項・2項・4項）	各監査等委員が述べることができる（342条の2第1項・第2項）	定めなし
任期	4年（短縮不可）（336条1項） (注) 取締役は2年	2年（短縮不可）（332条1項・4項） (注) 他の取締役は1年	1年（332条6項） (注) 取締役は一律1年
報酬等の決定方法	総額：定款又は株主総会が決定（387条1項） 個人別：定款・株主総会決議がなければ監査役の協議（387条2項）	総額：監査等委員以外の取締役と区別して定款又は株主総会で決定（361条1項・2項） 個人別：定款・株主総会決議がなければ監査等委員の協議（361条3項）	個人別：報酬委員会が決定（404条3項） (注) 総額の決定は不要
報酬等に関する意見	各監査役が述べることができる（387条3項）	各監査等委員が述べることができる（361条5項）	定めなし

※条数はいずれも改正後の会社法を指す。

(3) 監査等委員会の構成・運営等

　上記のとおり、監査等委員会は、3名以上の非業務執行者である取締役から構成され、その過半数は社外取締役である。

　監査等委員会の招集や運営に関しては、基本的に指名委員会等設置会社における監査委員会にならった規律が設けられている（改正法399条の8～12）。その主な内容は、以下のとおりであるが、実際には、これらの規律の範囲内で、監査等委員会の運営に関する細則を定める内規が制定され、それに従って運営されるこ

とになろう。

- 監査等委員会は各監査等委員が招集する（改正法399条の8）。
- 招集通知は監査等委員会の日の1週間（定款で短縮可能）前までに発する（改正法399条の9第1項）。ただし，監査等委員全員の同意があれば招集手続を省略することができる（同第2項）。
- 監査等委員会の要求を受けた取締役及び会計参与は，監査等委員会に出席し，監査等委員会が求めた事項につき説明しなければならない（改正法399条の9第3項）。
- 監査等委員会の決議は，議決に加わることができる監査等委員の過半数が出席し，その過半数で行う（改正法399条の10第1項）。ただし，決議について特別利害関係を有する監査等委員は議決に加わることができない（同第2項）。
- 監査等委員会の議事に関しては，所定の内容の議事録を作成し，本店に備置する（改正法399条の10第4項・5項・399条の11第1項，改正会社則110条の3）。株主等は，権利を行使するため必要があるときは，裁判所の許可を得て議事録の閲覧謄写を請求することができる（改正法399条の11第2～4項）。

> **point 実務のポイント**
>
> 　指名委員会等設置会社の監査委員会と異なり，監査等委員会については，その定足数や決議要件，招集通知の発出期間等を定款によらず取締役会決議によって変更することは認められていない。また，監査委員会の議事録は取締役であれば誰でも閲覧・謄写することができるのに対し（会社法413条2項），監査等委員会の議事録についてはこれに相当する規定は設けられていない（改正法399条の11）。さらには，指名委員会等の職務の執行の状況については，遅滞なく取締役会に報告する義務が規定されているのに対し（会社法417条3項），監査等委員会の職務の執行の状況については，これに相当する規定は設けられていない。

> これらの点や監査等委員は取締役会ではなく株主総会において直接選任される点に鑑みると，監査等委員会は，指名委員会等のように取締役会の内部機関と位置付けることは適当ではなく，むしろ，取締役会から一定程度独立した機関と考えるべきであろう。

(4) 監査等委員・監査等委員会の権限・義務
① 監査役・監査委員と共通の権限・義務

監査等委員会の監査活動は，監査等委員が取締役であることから，独任制の機関として各人が強力かつ独立した権限を付与されている監査役のように，自ら実査を行うことによるのでなく，指名委員会等設置会社における監査委員会と同様，取締役会が決定する内部統制システムを利用して，組織的な監査を行うことが想定されている[24]。上記のとおり，監査等委員会において常勤の監査等委員の存在が必須でないことや，会計監査人の設置が必須とされているのもそのためである。したがって，監査等委員会及び監査等委員の監査権限に関する規律は，指名委員会等設置会社における監査委員会及び監査委員の規律にならっている（図表1-10）。

> ▶ 調査権限
>
> 　監査等委員会設置会社における監査等委員には，調査権限として，取締役及び支配人その他の使用人に対して職務執行に関する事項の報告を求める権限や監査等委員会設置会社の業務及び財産の調査をすることができる権限（業務調査権），並びに子会社に対して事業の報告を求め，又は子会社の業務・財産の状況を調査する権限（子会社調査権）等が付与されているが，監査役と異なり，これらの調査権限は各監査等委員が個別に行使できるのではなく，監査等委員会が選定する監査等委員のみが行使するものとされている（改正法399条の3第1項・第2項）。

---

[24] 坂本・一問一答54頁。

図表1-10　監査等委員の権限・義務とその対象者等

		監査役会設置会社における監査役	監査等委員会設置会社における監査等委員	指名委員会等設置会社における監査委員
調査権限	業務財産調査権	各監査役（381条2項）	監査等委員会が選定する監査等委員（399条の3第1項）	監査委員会が選定する監査委員（405条1項）
	子会社調査権	各監査役（381条3項）	監査等委員会が選定する監査等委員（399条の3第2項）	監査委員会が選定する監査委員（405条2項）
是正権限	違法行為等差止請求権	各監査役（385条）	各監査等委員（399条の6）	各監査委員（407条）
	取締役等の提訴権限	各監査役（386条1項）	監査等委員会が選定する監査等委員（399条の7第1項2号）	監査委員会が選定する監査委員（408条1項2号）
	取締役会の招集権	各監査役（取締役への招集請求権（383条2項）	監査等委員会が選定する監査等委員（399条の14）	各委員会が選定する委員（417条1項）
	不正行為等に関する取締役会への報告義務	各監査役（382条）	各監査等委員（399条の4）	各監査委員（406条）
その他	株主総会における，提出書類に係る法令定款違反等についての報告義務	各監査役（384条）	各監査等委員（399条の5）	なし

※条数はいずれも改正後の会社法を指す。

▶ 具体的是正権限

　監査等委員会設置会社における監査等委員は，取締役が法令定款違反行為等を行った場合，又は，行うおそれがある場合の是正権限として，違法行為差止請求権（改正法399条の6），取締役等の提訴権限（会社と取締役等との間の訴訟において会社を代表する権限，改正法399条の7），及び取締役会の招集権（改正法399条の14）を有する。また，取締役の不正行為又はそのおそれを認めた場合には，取締役会に報告しなければならない（改正法399条

の4)。これらの是正権限・義務のうち,違法行為差止請求権及び取締役会への報告義務は各監査等委員が対象となるのに対し,その他の権限は監査等委員会が選定する監査等委員のみが行使する。

▶ 株主総会への報告義務
株主総会に提出する議案等を調査し,法令定款違反や著しく不当な事項があった場合にこれを株主総会への報告する義務は,監査役と同様(会社法384条),各監査等委員が負う(改正法399条の5)。

② 監査等委員会固有の権限
監査等委員会に対しては,以下のとおり,改正前会社法では監査役会設置会社における監査役(会)にも,指名委員会等設置会社における監査委員会にも与えられていないいくつかの権限が与えられている。この理由は,社外取締役が過半数を占める監査等委員会が監査等委員会設置会社のガバナンスに一定程度関与し,指名委員会等設置会社における各委員会に準じる機能を果たすことが期待されるためと説明されている。

▶ 取締役の選解任・辞任に関する意見陳述権
監査等委員会が選定する監査等委員は,監査等委員に限らず,監査等委員以外の取締役の選解任・辞任についても株主総会で意見を述べることができる(改正法342条の2第4項)[25]。

▶ 取締役の報酬等に関する意見陳述権
監査等委員会が選定する監査等委員は,監査等委員に限らず,監査等委員以外の取締役の報酬等についても株主総会で意見を述べることができる(改

---

25) これらの意見については,該当議案に係る株主総会参考書類や,事業報告に記載することが必要となる(改正会社則74条1項3号・74条の3第1項5号・78条3号・78条の2第3号・121条7号ロ)。

正法361条6項)[26]）。

▶ 利益相反取引における事前承認

　取締役と会社との間の利益相反取引については，取締役会の承認を得ていた場合であっても，当該取引により会社に損害が生じたときには，当該取引に関与した取締役の任務懈怠が推定される（会社法423条3項）。しかしながら，監査等委員会が承認した利益相反取引については，この推定が及ばないものとされ，この場合，責任を追及する側で取締役の任務懈怠を証明しなければならない（改正法423条4項）。ただし，当該推定規定の適用の有無により，任務懈怠責任の追及の成否が実質的に左右される場面は必ずしも多くないようにも思われる。

(5) 監査等委員会設置会社の業務執行と取締役会の権限

　監査等委員会設置会社においては，指名委員会等設置会社と異なり，執行役は置かれず，業務執行は，監査役（会）設置会社と同様に，代表取締役を中心とした業務執行取締役が行う（会社法363条）。これに対し，監査等委員会設置会社の取締役会の職務は，

・経営の基本方針，監査等委員会の職務の執行のため必要な事項，及び内部統制システムの決定
・業務執行の決定
・取締役の職務の執行の監督
・代表取締役の選定及び解職

であるとされ（改正法399条の13第1項），また監査等委員会設置会社における重要な業務執行の決定は取締役会が行い，原則として，個々の取締役に委任することはできない（改正法399条の13第4項）。

---

[26] これらの意見については，該当議案に係る株主総会参考書類に記載することが必要となる（改正会社則82条）。

図表1-11　監査等委員会設置会社の業務執行及びその決定

	監査役会設置会社	監査等委員会設置会社	指名委員会等設置会社
業務執行	代表取締役等の業務執行取締役（363条）	代表取締役等の業務執行取締役（363条）	執行役（415条，418条2号）
業務執行の決定	取締役会 重要な業務執行の決定は取締役に委任できない（362条4項）	取締役会 ただし，定款の定め等により，代表取締役らに対して決定権限を大幅に委任することが可能（399条の13第4項～6項）	取締役会 執行役に対して決定権限を大幅に委任することが可能（416条4項）

※条数はいずれも改正後の会社法を指す。

　ただし，監査等委員会設置会社においては，①取締役の過半数が社外取締役である場合（改正法399条の13第4項・5項），又は，②定款で定めた場合（改正法399条の13第4項・6項)[27]には，指名委員会等設置会社における執行役と同程度に，重要な業務執行の決定を取締役に委任することができる。したがって，監査等委員会設置会社においては，重要な業務執行の決定を取締役に委任することを通じて，意思決定の機動性・迅速性を高めるとともに，監督と執行の分離を図ることにより，取締役会の監督機能を強化することも可能となる（図表1-11）。

> **point 実務のポイント**
>
> 　監査等委員会設置会社の大きな特徴の1つが，取締役に対する業務執行権限の大幅な委任である。
> 　具体的には，例えば，公開会社における第三者割当増資や，重要な財産の処分及び譲受け，多額の借財，社債の募集事項の決定，簡易組織再編などについて委任が可能となる。ただし，取締役に対して広範な業務執行の決定を委任することを許容する旨の定款規定を設けた場合であっても，実際に取締役に対してどの程度まで業務執行の決定を委任するのかについては，各社の実情に応じた検討が必要となる。

---

27) このような定款規定を設けるにあたり，特段の要件は課されておらず，全ての監査等委員会設置会社において導入可能である。

3. 監査等委員会設置会社への移行のポイント

(1) 移行に際しての具体的手続・留意点
① 定款変更
　監査等委員会設置会社への移行のためには，その旨の定款変更が必要となる。具体的には，監査等委員会を設置する旨（改正法326条2項）の規定を新設するとともに，監査役や指名委員会等に関する規定等，廃止される機関に関する規定を削除する変更が必要となる。

　また，取締役会の決議により重要な業務執行の決定を取締役に委任することができるものとする場合には，その旨の定款規定を設ける必要がある。

　その他，役員の員数や選解任等に関する規定を，監査等委員に係る規律に整合する内容に変更する必要がある。

② 監査等委員である取締役の選任等
　監査等委員である取締役の選任や，その報酬等の決定が必要である。なお，監査等委員会設置会社に移行する場合，指名委員会等設置会社と同様，現任の取締役及び監査役全員の任期が満了する（改正法332条7項2号・336条4項2号）から，実際には監査等委員であるか否かを問わず，移行のタイミングで全取締役を選任しなおす必要がある。取締役会は，監査等委員以外の取締役の中から代表取締役を選定しなければならないため（改正法399条の13第3項），取締役は最低4名必要となる。

　監査等委員の候補者の人選が重要となることはいうまでもない。上記のとおり，監査等委員会設置会社制度には，社外監査役に加えて社外取締役を設置することの重複感を解消する狙いもあり，監査役会設置会社から監査等委員会設置会社への移行を図る会社においては，現任の社外監査役をそのまま監査等委員の候補者とすることも想定される。しかし，監査等委員は監査役の単なる置き換えではなく，取締役としての立場を有し，取締役会において議決権を有することになる。

加えて，内部監査部門に対して具体的な指示を与えることになることや，企業経営についてこれまで以上にコミットすることが期待されるであろう点も踏まえて検討する必要があろう。

③　登記

監査等委員会設置会社は，監査等委員会設置会社である旨，監査等委員である取締役及びそれ以外の取締役の指名，取締役のうち社外取締役であるものについてその旨，並びに重要な業務執行の取締役への委任についての定款規定が存する場合にはその旨，をそれぞれ登記しなければならない（改正法911条3項22号）。

④　関連する社内規程等の整備

監査等委員会設置会社への移行を混乱なく進めるためには，関連する社内規程や，社内組織の見直しも必要である。監査等委員会の設置により，少なくとも，監査に関連する規程や組織体制は見直しが必要となるであろう。監査役会設置会社からの移行の場合であれば，基本的には監査役の役割を監査等委員が引き継ぐことになるが，社内規程において，従前「監査役」とされていた部分を機械的に「監査等委員」に置き換えれば足りるものではなく，規程内外での矛盾が生じないよう，個別的な検討が必要である。

また監査等委員会自体の運営に関しても，招集や議事運営等に関する細則の制定や，円滑な運営のための事務局の設置等を検討する必要が生じよう。また，監査等委員会設置会社においては，取締役・取締役会の権限に係る規律も変更されているため，これに伴う規程変更も必要である。定款に基づき業務執行者（代表取締役）に業務執行の決定を委任する場合には，どこまでの範囲を委任するかなどもあらかじめ検討し，社内の権限規程等を見直しておくことも必要となろう。

⑤　移行のタイミング

上記のとおり，監査等委員会設置会社に移行するためには，少なくとも，株主総会決議により定款変更及び監査等委員を含む取締役の選任を行う必要がある

(改正法326条2項・329条)。改正法の施行前に開催される株主総会において，改正法の施行日から定款変更の効力が生ずる旨の定款変更決議を行うことにより，改正法の施行日から監査等委員会設置会社となることも認められるものと解されるが[28]，現実的なタイミングは，改正法施行後の定時株主総会（3月決算の会社の場合，平成27年6月の定時株主総会）となるであろう。

(2) 移行に関する検討のポイント

　監査等委員会設置会社制度は，株式会社の機関設計の選択肢を追加するものに過ぎず，監査等委員会設置会社への移行を義務付けるものではない。したがって，監査等委員会設置会社への移行を検討するに際しては，自社のガバナンスや経営効率等の実情に照らし，移行のメリットと懸念点を比較して判断することとなる。

　監査等委員会設置会社への移行のメリットとしては，例えば以下の事項が挙げられる。

① 社外役員選任の負担感の緩和

　第1節1.のとおり，近年，上場会社に対して，社外取締役の選任を求める圧力は確実に強まっており，今後は複数の社外取締役の選任を求める方向に向かうことも想定される[29)30)]。改正会社法においても，「社外取締役を置くことが相当でない理由」の説明義務や開示義務が課されることとなる。上場会社側としても，かかる傾向を無視することはできないと思われるが，特に，役員全体の人数がそ

[28)] 坂本ほか・前掲注23) 28頁。実際に平成27年3月に開催された定時株主総会において，監査等委員会設置会社への移行を決議した例も存する。
[29)] 平成27年3月5日に公表された「コーポレートガバナンス・コード原案〜会社の持続的な成長と中長期的な企業価値の向上のために」の原則4-8においては，独立社外取締役を2名以上選任することが求められている。これを受けて，東京証券取引所においても平成27年6月1日を施行時期とする関連規則の改正が行われる予定であり，市場第1部及び第2部に上場する会社は，上記原則を遵守しない場合には，コーポレート・ガバナンス報告書において理由を説明することが求められる（株式会社東京証券取引所・平成27年2月24日付「コーポレートガバナンス・コードの策定に伴う上場制度の整備について」）。
[30)] 議決権行使助言会社ISSは，平成28年2月より取締役会に複数の社外取締役がいない企業の経営トップの選任議案に反対の推奨をするとの助言方針を公表している。

れほど多くない監査役会設置会社においては，既存の社外監査役2名に加え，新たに社外取締役1名又は2名を選任することの負担感は相当なものとなることも懸念される。この点，監査等委員会設置会社においては，監査役会の設置が不要となることから，選任すべき社外役員は最低2名の社外取締役で足りるため，社外役員の選任に係る負担感・重複感は緩和されるといえる。

② 役員構成の設計の柔軟化
　監査役会設置会社の監査役の任期は4年であるところ，監査等委員会設置会社の監査等委員の任期は2年と相対的に短く，その結果，全取締役が必ず2年以内に改選期を迎えることになるため，役員構成の設計をより柔軟に検討することが可能となる。

③ 業務執行と監督の分離の促進
　監査等委員会設置会社では，取締役の過半数を社外取締役とするか，定款で定めることにより，指名委員会等設置会社と同程度に重要な業務執行の決定を取締役に委任することができるため，意思決定の機動性・迅速性を高めるとともに，取締役会が業務執行の監督に割くことのできる割合が増えることにより，取締役会による監督機能の強化を図ることも可能となる。

④ 外部からの評価
　証券取引所や海外機関投資家は，社外取締役複数名を有し，かつ，監査を担う者が取締役会の議決権という明確な権限を有する機関設計である監査等委員会設置会社に対して肯定的な評価をしているといわれている[31]。
　他方で，移行における懸念点としては，まず監査等委員の人選がある。既存の

---

31) 東京証券取引所平成24年8月1日付「独立した社外取締役の確保のお願い」等参照。また，議決権行使助言会社ISSのエグゼクティブディレクター石田猛行氏は，社外取締役が最低2名確保され，ガバナンスの透明性が向上することを理由に，「外国人が好む順序（あるいは，理解しやすい順序）としては，委員会設置会社，監査・監督委員会設置会社，監査役設置会社，ということになろう。」と述べている（東京株式懇話会会報第730号6頁）。

社外監査役をスライドさせて監査等委員である社外取締役として選任することは可能であるが，監査等委員は取締役会において議決権を有する取締役であって，これまでの監査役とは立場が異なるため，必ずしも従前の監査役が，監査等委員としても適任とは限らない場合もある。

　また，監査等委員会設置会社への移行により，内部監査に関する社内手続や，ひいてはガバナンスに関する意識・企業風土等についても根本的な改変が必要となる場合もありえ，かかる準備作業の負担は決して軽いものではない。移行のために監査体制に混乱が生じるのは本末転倒であるから，シームレスな移行のために充分な事前準備を行う余力が存するかという点も問題となろう。

第3節　会計監査人の選解任等に関する議案の決定権限の委譲等

> **改正のポイント**
> ①監査役（会）設置会社では，監査役（会）が会計監査人の選解任・不再任議案の決定権を有することとなった。
> ②会計監査人の報酬等の決定については，従前通り，監査役（会）は同意権を有するにとどまる。

1．改正前会社法の問題点

　改正前会社法では，監査役設置会社における会計監査人の選解任・不再任に関する議案の内容及び報酬等の決定は，取締役又は取締役会の権限とされており（旧法298条1項・4項等参照），監査役（監査役会設置会社では監査役会）は，当該議案等への同意権及び議案等の提案権（旧法344条），並びに報酬等への同意権（同399条1項・2項）を有していた。

　このように改正前会社法においても，会計監査人の独立性を確保する観点から，会計監査人の選解任等の議案の決定や報酬等の決定について，監査役（会）にも一定の関与が認められていた。

　もっとも，平成17年会社法立法以降に大型の粉飾決算事件の発覚が相次いだこと等を背景に公認会計士法が改正され，その審議等の過程で，改正前会社法の規律に対して，金融審議会や公認会計士・監査法人から，会計監査人による監査を受ける立場にある取締役又は取締役会が，会計監査人の選解任等に関する議案等を決定し，会計監査人の報酬を決定することによって，会計監査人の経営者（取締役）に対する立場を弱め，会計監査人が粉飾決算を防ぐことができなくなっている（いわゆる「インセンティブのねじれ」の問題）として，会計監査人の独立性の観点から問題があると指摘されていた[32]。

2. 会計監査人の選解任等議案の内容の決定権について

　改正法では、監査役設置会社では監査役（監査役会設置会社では監査役会）が、会計監査人の選解任・不再任に関する議案の内容の決定権を有することとされた（改正法344条2項・3項，図表1-12）。

　この点に関連して、会計監査人の選任等の議案の内容を決定するにあたって、取締役が監査役等に対して原案を提示することが許されるかという点が問題となるが、これについては改正の経緯から認められないことになろうと指摘する見解があることも留意する必要がある[33]。

　他方で、改正前会社法でも、委員会設置会社においては、会計監査人の選解任等に関する議案等の内容の決定は監査委員会の権限とされていた（旧法404条2項2号）。そのため、改正法は、指名委員会等設置会社（旧法上の委員会設置会社）における会計監査人の選解任等に関する議案等の内容の決定は、従前どおり監査委員会の権限としている（改正法404条2項2号）。また、改正法で新設された監査等委員会設置会社の場合も同様に、監査等委員会の権限としている（改正法399条の2第3項2号）。

　監査役等がどのような者を会計監査人とすべきかを判断するにあたっては、当該候補者が会計監査人に就任した場合に支払うべき報酬等の内容についても考慮する必要があり、そのためには、会計監査人に支払うべき報酬等の情報を会計監査人の候補者や取締役等から入手し、その報酬等の適否について的確に判断する必要があるとされている[34]。

　なお、会計監査人の選任に関する議案の株主参考書類の記載事項として、新たに、監査役等が当該候補者を会計監査人の候補者とした理由や、責任限定契約の内容の概要（責任限定契約を締結しているとき又は締結する予定があるとき）が追加

---

32) 金融審議会金融分科会平成21年6月17日付「我が国金融・資本市場の国際化に関するスタディグループ報告——上場会社等のコーポレート・ガバナンスの強化に向けて」12頁。
33) 江頭〔第5版〕609頁。
34) 坂本・一問一答125頁。

図表1-12　改正法における会計監査人の選解任等議案の内容と報酬等の決定権

	監査役（会）設置会社	指名委員会等設置会社	監査等委員会設置会社
選解任等の議案の内容決定	監査役（会）	監査委員会	監査等委員会
報酬等の決定	取締役（会）ただし，監査役（会）に同意権あり	取締役（会）ただし，監査委員会に同意権あり	取締役（会）ただし，監査等委員会に同意権あり

※網掛け部分が今回の改正内容。

された（改正会社則77条3号5号）。

3. 会計監査人の報酬等の決定権について

　会社法制部会の審議では，会計監査人の報酬等に関する決定権について，監査役又は監査役会に会計監査人の報酬等の決定権を付与する案も検討された。

　もっとも，会計監査人の報酬等に関しては，監査役又は監査役会が同意権を適切に行使することにより，会計監査人の独立性を確保することができるとの指摘や，報酬等の決定は経営判断の要素も含むことから報酬等の決定権を付与することは慎重であるべきとの指摘もあり，監査役又は監査役会に会計監査人の報酬等の決定権を付与する案は見送られた（前記**図表1-12**）[35]。

　ただし，監査役等による会計監査人の報酬等に関する同意権の適切な行使を確保する観点から，公開会社については，新たに事業報告の記載事項として，監査役等が会計監査人の報酬等について同意した理由が追加された（改正会社則126条2号）。監査役等が会計監査人の報酬等について同意した理由の記載については，各社の状況に応じた合理的な記載で足りるとされており，各社の状況にもよるが，過去の報酬実績や日本監査役協会が公表している「会計監査人との連携に関する実務指針」等を参考に報酬を確認した旨の記載でも，合理的な記載の一内容となり得ると解されている[36]。

---

35) 会社法制部会第21回会議議事録32～33頁［田中幹事発言，岩原部会長発言］。

4. 適用時期

　施行日前に会計監査人の選解任等に関する決議をするための株主総会の招集手続が開始された場合における，会計監査人の選解任等にかかわる手続については従前の例によるとされている（改正法附則15条）。そのため，改正法の施行日（平成27年5月1日）までに株主総会の招集手続が開始されるものについては改正前会社法，施行日以降に招集手続が開始されるものについては改正法が適用されることとなる。なお，ここでいう招集手続の開始とは，株主総会の招集の決定（改正法298条）がされた場合をいうが，改正法の施行前後に招集の決定を行う場合には，いずれが適用されるかに留意する必要がある。

> **point　実務のポイント**
>
> 　監査役からすると，会計監査人の選解任等に関する議案等の内容の決定について，同意権の行使ではどうしても受身になってしまうきらいがあったが，議案等の内容の決定権が付与されたことで，今後，会計監査人の選解任等については，監査役において全てのプロセスを主体的かつ適切に実施する必要があり，株主に対する説明責任についても負うことになると考えられる[37]。
>
> 　そのため，監査役は，会計監査人の仕事ぶりを適切に評価すべく，会社における内部の会計システム，内部統制システム等により深く関わっていく必要があると指摘されている[38]。
>
> 　この点，本改正を受けて日本監査役協会が策定した「会計監査人の選解任等に関する議案の内容の決定権行使に関する監査役の対応指針」においても，経営執行部門（経理・財務部門）との連携がこれまで以上に重要となることが指摘されており，経営執行部門との連携にあたっての留意点や会計監査人の監査活動の適切性・妥当性を評価するにあたっての留意点等が具体的に示されている。

---

36) 平成27年省令パブコメ結果45頁。
37) 八木利朗ほか「会社法制の見直しとこれからの監査役監査」月刊監査役615号（2013）33頁〔八木発言〕。
38) 八木ほか・前掲注37) 33頁〔岩原紳作発言〕。

なお，平成27年3月5日に公表され，平成27年6月1日から上場会社に適用される予定のコーポレートガバナンス・コード原案では，監査役が会計監査人の選解任等の議案の決定権を適切に行使することができるよう，外部会計監査人に関する補充原則として，監査役会は，少なくとも，(i)外部会計監査人候補を適切に評価するための基準の策定，(ii)外部会計監査人に求められる独立性と専門性を有しているか否かについての確認を行うべきであるとされている（補充原則3-2①）。

第4節　役員の責任限定契約

 改正のポイント

社外取締役や社外監査役であるか否かにかかわらず，業務執行を行わない取締役や監査役が責任限定契約を締結することが可能になった。

1. 責任限定契約を締結することが可能な役員の範囲の改正

(1) 改正の趣旨[39]

　改正前会社法では，いわゆる責任限定契約を締結することができる取締役及び監査役は，それぞれ社外取締役及び社外監査役に限られている（旧法427条1項）。また，取締役のうち，改正前会社法425条1項に定める最低責任限度額について，その算定に際して，職務執行の対価として受ける財産上の利益の額に乗ずべき数が「2」とされているものは，社外取締役に限られていた（旧法425条1項1号ハ）。

　改正法では，社外取締役等の要件が厳格化されたことに伴い，改正前は社外取締役等であった者が，社外取締役等の要件を失う場合[40]が生じ得る。

　しかしながら，改正法により社外取締役等の要件を満たさなくなった者の中にも，当該取締役等が知識，経験，インセンティブ等の面で，監督・監査機能を実効的に果たすと考えられる者も含まれ得る。このような人材の確保・活用の観点からは，社外取締役等の要件の見直し後も引き続き責任限定契約を締結できるようにしておくことがよいといえる。また，自ら業務執行に関与せず，専ら経営に対する監督・監査を行うことが期待される者については，その責任が発生するリ

---

39) 中間試案補足説明第1部第1の3(3)参照。
40) 例えば，親会社の取締役である者が子会社の取締役に就任する場合等（前記第1節2.参照）が考えられる。

図表1-13　責任限定契約を締結可能な役員の範囲と最低責任限度額

	現行法	改正法
責任限定契約を締結できる者	**社外取締役**，会計参与，**社外監査役**，会計監査人	**業務執行取締役等でない取締役**，会計参与，監査役，会計監査人
最低責任限度額	代表取締役，代表執行役　6 代表取締役及び社外取締役以外の取締役，代表執行役以外の執行役　4 **社外取締役**，会計参与，監査役，会計監査人　2	代表取締役，代表執行役　6 代表取締役以外の業務執行取締役等である取締役，代表執行役以外の執行役　4 **業務執行取締役等でない取締役**，会計参与，監査役，会計監査人　2

※太字が変更点。

スクを自ら十分にコントロールすることができる立場にあるとは必ずしもいえず，責任限定契約によりリスクを予め限定する余地を認めることが適切であると考えられる。加えて，自ら業務執行に関与しない者であれば，責任限定契約を認めることとしても，任務懈怠の抑止という観点からの弊害も小さいと考えられる。

以上を踏まえると，そもそも，責任限定契約に関する規律が適用される取締役等の範囲は，社外取締役等であるか否かではなく，業務執行に関与する者であるかどうかによって画すべきであると考えられる。

そこで，改正法は，責任限定契約を締結することが可能な取締役等の範囲を，社外役員か否かではなく，業務執行取締役等（改正法2条15号イ）か否かを基準として画することとした。

(2)　改正の内容（図表1-13）

① 責任限定契約を締結できる者の変更

改正法は，業務執行取締役等でない取締役，会計参与，監査役又は会計監査人（以下「非業務執行取締役等」という）について，責任限定契約を締結することができる旨を定款で定めることができるとする（改正法427条1項）。

これにより，改正法により社外取締役の要件を満たさなくなった取締役についても，引き続き責任限定契約を締結することが可能となった。また，監査役は，業務執行を行わない以上，従前，責任限定契約が締結できなかった，いわゆる社

内監査役も含め全ての監査役が責任限定契約を締結できることとなった。

　また，これに併せて，会社法425条１項に定める取締役の最低責任限度額の算定についても，改正前会社法における社外取締役であるか否かによる区分を改め，業務執行取締役等であるか否かによりに区分することとしている（改正法425条１項１号ロ・ハ）。

> ▶ 業務執行取締役等
> 　「業務執行取締役等」とは，株式会社又はその子会社の業務執行取締役若しくは執行役又は支配人その他の使用人をいい，「業務執行取締役」とは，株式会社の会社法363条１項各号に掲げる取締役及び当該株式会社の業務を執行したその他の取締役をいう（改正法２条15号イ）。

② 登記事項の修正

　改正前会社法では，定款に責任限定契約についての定めがあり，それが社外取締役又は社外監査役に関するものであるときは，取締役のうち社外取締役であるもの又は監査役のうち社外監査役であるものについて，それぞれ社外取締役である旨，社外監査役である旨が登記事項とされている（旧法911条３項25号・26号）。しかし，改正法では，責任限定契約を締結できる者が，社外取締役・社外監査役に限定されなくなったため，当該登記事項は削除された（旧法911条３項25号・26号の削除。なお，改正法附則22条２項参照）。

2．改正にかかる実務対応

　責任限定契約の締結には，非業務執行取締役等との間で同契約を締結できることについて定款に定めを置いていることが前提となる（改正法427条１項）。

　現在，会社法の定めに基づき，定款の定めを置いている会社であっても，定款上は，責任限定契約を社外取締役や社外監査役とのみ締結する旨が定められていることが多いと思われるため，そのような会社の場合，改正法施行後に，社外取締役以外の非業務執行取締役あるいは社外監査役以外の監査役と責任限定契約を

図表 1-14　全株懇モデル定款を基にした定款変更案

現行定款	変更案
（取締役の責任免除） 第 27 条① （略） ② 　当会社は，会社法第 427 条第 1 項の規定により，社外取締役との間に，任務を怠ったことによる損害賠償責任を限定する契約を締結することができる。ただし，当該契約に基づく責任の限度額は○○円以上であらかじめ定めた金額または法令が規定する額のいずれか高い額とする。	（取締役の責任免除） 第 27 条① （略） ② 　当会社は，会社法第 427 条第 1 項の規定により，取締役（業務執行取締役等である者を除く。）との間に，任務を怠ったことによる損害賠償責任を限定する契約を締結することができる。ただし，当該契約に基づく責任の限度額は○○円以上であらかじめ定めた金額または法令が規定する額のいずれか高い額とする。
（監査役の責任免除） 第 35 条① （略） ② 　当会社は，会社法第 427 条第 1 項の規定により，社外監査役との間に，任務を怠ったことによる損害賠償責任を限定する契約を締結することができる。ただし，当該契約に基づく責任の限度額は○○円以上であらかじめ定めた金額または法令が規定する額のいずれか高い額とする。	（監査役の責任免除） 第 35 条① （略） ② 　当会社は，会社法第 427 条第 1 項の規定により，監査役との間に，任務を怠ったことによる損害賠償責任を限定する契約を締結することができる。ただし，当該契約に基づく責任の限度額は○○円以上であらかじめ定めた金額または法令が規定する額のいずれか高い額とする。

締結しようとする場合は，定款変更が必要になる。多くの上場会社において参照されている，全国株懇連合会による定款モデル（全株懇モデル）[41]を基にした変更案としては，図表 1-14 のような変更案が考えられる[42]。

3．適用時期

　改正法の経過措置として，施行日前の行為に基づく責任に関する責任限定契約については，従前の例によることとされている（改正法附則 16 条）。このため，施行日前の行為に基づく責任については，改正法の規律に基づく責任限定契約の効力を受けることはない。

---

41) 全国株懇連合会編『全株懇モデル〔新訂 3 版〕』（商事法務，2011）59 頁，67 頁。
42) 全国株懇連合会「第 69 回全国株懇連合会定時会員総会第 1 分科会審議事項　会社法改正による社外取締役の実務」62 頁

> **point 実務のポイント**
>
> 　改正法は，責任限定契約を締結可能な対象者の範囲を拡大しており，各社においては，施行にあたって，誰に対して責任限定契約の締結を認めるべきか，改めて整理しておく必要がある。社内監査役や社外取締役の要件は満たさないものの非業務執行取締役である者等，従前責任限定契約の締結対象でなかったものに対しても，責任限定契約の締結を認める場合には，改正法の施行にあたって，定款変更の要否を検討しておく必要がある。

第5節　多重代表訴訟制度の新設等

1. 多重代表訴訟制度（最終完全親会社等の株主による特定責任追及の訴え）の新設

 改正のポイント

① 多重代表訴訟の制度新設。
② 原告適格の限定（最終完全親会社等の株主，株式保有要件）。
③ 対象となる責任の限定（特定責任）。

(1) 制度新設の趣旨

　改正前会社法における株主代表訴訟制度（責任追及等の訴え）は，原則として，株式会社の株主が，その株式を保有している会社の取締役等の責任を追及するための制度として設計されており（旧法847条。例外として，株主代表訴訟の係属中に株式交換等の組織再編がなされた場合に訴訟追行の継続を認める同851条），親会社の株主が，子会社の取締役等に対して直接責任追及することは認められていない。

　したがって，例えば，子会社の取締役の不当な業務執行によって，子会社株式の価値が毀損し，結果的に親会社に損害が生じたような場合においても，あくまで子会社の取締役等に対して責任追及することができるのは子会社やその株主（親会社等）であり，親会社の株主自身が直接子会社の取締役等に対して責任追及することはできない。親会社の株主自身が採り得る手段としては，「親会社」の取締役等に対して，子会社に対する管理・監督責任等（子会社管理体制の不備や，代表訴訟を提起しないこと等）を追及することになる。

　もっとも，従来の株主代表訴訟制度に対しては，子会社の取締役等が子会社に対して責任を負う場合であっても，①人的関係等から子会社自身，あるいは，子会社の株主たる親会社から子会社の取締役等に対する責任追及がなされないことが多く，また，②親会社の取締役等について責任を追及することは立証等の点で

困難を伴う[43]ことから，親会社の株主の保護が不十分であるという批判がなされていた。

他方で，親会社の株主が直接子会社の取締役等の責任を追及することを認める多重代表訴訟制度については，企業グループの効率的な経営に支障を来したり，濫用的な訴訟提起がなされることが懸念されていた[44]。

そこで，改正法は，以下のように，限定的な形で多重代表訴訟制度（最終完全親会社等の株主による特定責任追及の訴え。以下「特定責任追及の訴え」という）[45]を新設している（改正法847条の3）。

(2) 特定責任追及の訴えの要件

改正法は，特定責任追及の訴えについて，
　①原告適格（「誰が」），
　②対象となる責任（「誰の責任を」），
　③責任追及できない場合（「どのような場合に追及できるか」）
に関し，通常の株主代表訴訟とは異なる規律を設けている（**図表1-15**）。

① 原告適格

まず，特定責任追及の訴えを提起できるのは，「最終完全親会社等」の株主であり，6か月（公開会社の場合のみ〔改正法847条の3第6項〕。なお，定款でこれを下回る期間を定めた場合はその期間）前から引き続き最終完全親会社等の総株主の議決権又は発行済株式（自己株式を除く）の100分の1以上（定款でこれを下回る割合を定めた場合はその割合）を有する株主とされている（改正法847条の3第1

---

[43] 落合誠一ほか編『会社法制見直しの視点』（商事法務，2012）84～86頁［加藤貴仁執筆部分］，株主代表訴訟制度研究会「株式交換・株式移転と株主代表訴訟(2)——企業結合と株主代表訴訟」商事法務1682号（2003）10頁など。
[44] 要綱に至る会社法制部会における議論の状況については，岩原紳作「『会社法制の見直しに関する要綱案』の解説(Ⅲ)」商事法務1977号（2012）4頁以下参照。
[45] 厳密には，「特定責任追及の訴え」は，最終完全親会社等の株主による訴えだけでなく，提訴請求を受けた子会社自身による訴え等も含む概念である。

図表 1-15　特定責任追及の訴えの要件

原告適格	・最終完全親会社等の株主 ・少数株主権（総株主の議決権又は発行済株式の 100 分の 1 以上） ・公開会社の場合，6 か月保有要件
対象となる責任	・特定責任 ⇒責任の原因となった事実が生じた日に最終完全親会社等及びその完全子会社等における当該株式会社の株式の帳簿価額が当該最終完全親会社等の総資産額の 5 分の 1 を超える場合における取締役等の責任
責任追及できない場合	・特定責任追及の訴えが当該株主若しくは第三者の不正な利益を図り又は当該株式会社若しくは当該最終完全親会社等に損害を加えることを目的とする場合 ・当該特定責任の原因となった事実によって当該最終完全親会社等に損害が生じていない場合

項・7 項・9 項）。株主総会において決議をすることができる事項の全部につき議決権を行使することができない株主は，「総株主」から除外して計算される。

　原告となる株主は，提訴請求時から見て 6 か月前から継続して前記要件を満たす株式を保有している必要があるが，発起人等（改正法 847 条 1 項）[46]の責任の原因となった事実（以下「責任原因事実」という）が生じた日の時点で株式を保有している必要はない。この点は，通常の株主代表訴訟と同様である。

▶ 最終完全親会社等の株主

　「最終完全親会社等」とは，「当該株式会社の完全親会社等であって，その完全親会社等がないもの」と定義されている（改正法 847 条の 3 第 1 項）。

　この「完全親会社等」とは，(i)完全親会社（改正法 847 条の 2 第 1 項，改正会社則 218 条の 3 参照）である株式会社又は(ii)株式会社の発行済株式の全部を他の株式会社及びその完全子会社等（＝株式会社がその株式又は持分の全部を有する法人。なお，改正法 847 条の 3 第 3 項によって完全子会社等とみなされるものを含む）若しくは他の株式会社の完全子会社等が有する場合におけ

---

[46] 発起人，設立時取締役，設立時監査役，役員等（＝取締役，会計参与，監査役，執行役又は会計監査人）又は清算人をいう。

る当該他の株式会社（完全親会社を除く）と定められている（改正法847条の3第2項）。

したがって，「最終完全親会社等」とは，子会社の発行済株式の全部を直接又は間接に保有している株式会社であって，かつ，自社の上位に自社の発行済株式の全部を直接又は間接に保有している株式会社が存在しない株式会社，つまり<u>完全親子会社グループの頂点に立つ株式会社</u>ということになる。原告適格に関し「完全」親子会社関係が要求されているのは，責任原因事実が発生した子会社に少数株主が存在する場合には，その少数株主が通常の株主代表訴訟を提訴することが可能であるからとされる[47]。

また，提訴請求を受ける会社も，「株式会社」に限られている（改正法847条の3第1項）。このため，最終完全親会社等及び提訴請求を受ける会社は，いずれも「株式会社」（会社法2条1号参照）[48]に限られることになる。他方，間接保有の場合において中間に存在する子会社については，必ずしも「株式会社」に限られず，株式会社以外の法人（外国法人を含む）が入っていたとしても問題ない。

図表1-16 ①ないし③のいずれの事例においても，X社はY社の最終完全親会社等に当たるため，X社の株主Pは，他の株式保有要件等を満たせば，Y社の取締役等の責任原因事実についての特定責任追及の訴えの原告適格が認められることになる。

point 実務のポイント

前記のとおり，最終完全親会社等及び提訴請求を受ける会社は，いずれも「株式会社」に限られているところ，かかる「株式会社」とは，日本の会社

---

[47] 中間試案補足説明第2部第1の1(2)ア(ア)参照。
[48] この「株式会社」は，日本の会社法に基づき設立された株式会社を指している（中間試案補足説明第2部第1の1(2)参照）。

法に基づき設立された株式会社を指しており,外国法人である子会社は含まれない[49]。従来,多重代表訴訟制度については,外国法人である子会社の取締役の責任を追及する訴訟に巻き込まれるリスクの増大が指摘されており[50],また,海外の裁判所において実際に日本法の解釈どおりに判断されない可能性について指摘する見解があることは認識しておく必要があるが[51],条文上,親会社及び子会社が「株式会社」である場合に限られ,外国法人である子会社を含まないことは明確にされていることから,上記のようなリスクの増大を過度に重視する必要はないように思われる[52]。立案担当者も,提訴請求を受ける会社に外国法人である子会社は含まれないとの見解を示している[53]。

▶ 少数株主権(株式保有要件)

　通常の株主代表訴訟の場合,公開会社の場合に6か月前から引き続き株主であることを要するほかに株式保有要件は定められていない(単独株主権)。これに対し,特定責任追及の訴えの場合,公開会社の場合に6か月前から引き続き最終完全親会社等の株主であることを要するほかに,最終完全親会社等の総議決権又は発行済株式の100分の1以上を保有する株主であることを要件としている(少数株主権,改正法847条の3第1項・6項)。これは,通常の株主代表訴訟の場合と異なり,完全子会社とその完全親会社の株主との関係が,当該完全親会社を通じた間接的なものであるという,株主としての権利のリモートさを理由としたものと思われると説明されている[54]。

----

49) 岩原・前掲注44) 12頁注4,前田雅弘「親会社株主の保護」ジュリ1439号(2012) 40頁。
50) 北村雅史ほか「〔座談会〕親子会社の運営と会社法(上)」商事法務1920号(2011) 26頁〔北村発言〕,北川浩「多重代表訴訟導入に対する問題意識——海外子会社に関する議論の必要性を中心に」商事法務1947号(2011) 29〜30頁。
51) 北川・前掲注50) 30〜31頁。
52) 岩原・前掲注44) 13頁注6,前田・前掲注49) 40頁注14参照。
53) 坂本三郎ほか「平成26年改正会社法の解説(V)」商事法務2045号(2014) 31頁。
54) 岩原・前掲注44) 6頁。

図表1-16

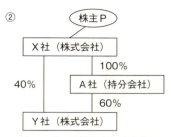
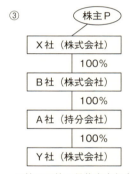

② 対象となる責任（特定責任）

　特定責任追及の訴えによる責任追及等の対象となる「特定責任」とは，当該株式会社の発起人等（改正法847条1項参照）の責任の原因となった事実が生じた日において最終完全親会社等及びその完全子会社等（改正法847条の3第2項2号・3項参照）における当該株式会社の株式の帳簿価額が当該最終完全親会社等の総資産額として法務省令（改正会社則218条の6）で定める方法により算定され

る額の5分の1（定款でこれを下回る割合を定めた場合はその割合）を超える場合における当該発起人等の責任と定義されている（改正法847条の3第4項）。

　これは，特定責任追及の訴えとなる対象を，重要な子会社の取締役等に限定する趣旨の規定である。子会社の取締役等であっても，実質的には親会社の事業部門の長である従業員に留まるような場合にまで，親会社の株主による責任追及の対象とすることは，株主代表訴訟の制度趣旨に整合しないという主張を踏まえ，親会社の取締役等に相当し得る重要な子会社の取締役等の責任に限って，親会社の株主による責任追及を認めたものと説明されている[55]。

　この重要性基準は，最終完全親会社等とその完全子会社等が保有する子会社株式の帳簿価額が最終完全親会社等の総資産額（単体ベース）に占める割合が5分の1を超えるか否かによって判断することになる。詳細な計算方法については，法務省令（改正会社則218条の6）により定められているが，分子となる子会社株式の帳簿価額のうち，最終完全親会社等が完全子会社等を通じて間接保有する株式の帳簿価額は，当該完全子会社等における株式の帳簿価額が合算の対象となることに注意する必要がある。

　まず，**図表1-17**①の事例において，X社におけるY社株式の帳簿価額（30億円）は，X社の総資産額（100億円）の5分の1を超えているため，Y社の発起人等の責任は，（X社株主による特定責任追及の訴えの対象となる）特定責任となり得る。

　また，同②の事例においても，A社とB社におけるY社株式の帳簿価額の合計額（22億円）は，X社の総資産額（100億円）の5分の1を超えているため，Y社の発起人等の責任は，（X社株主による特定責任追及の訴えの対象となる）特定責任となり得る。

> ▶ 重要性基準の判断時点
> 　前記重要性基準は，「責任の原因となった事実が生じた日」において満た

---

[55] 岩原・前掲注44) 7頁。

図表 1-17

①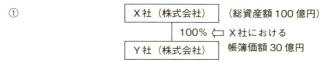

・Y社の発起人等の責任は特定責任となり得る

②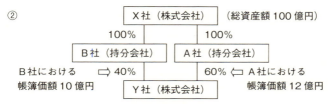

・Y社の発起人等の責任は特定責任となり得る

している必要がある。このため，責任原因事実が発生した時点では，完全親子会社関係が存在しない，あるいは，総資産額の5分の1基準を満たしていない場合には，その後，提訴請求時までに完全親子会社関係が生じ，かつ，5分の1基準を満たしたとしても，特定責任追及の訴えの対象とならない[56]（ただし，例外として，最終完全親会社等であった株式会社が事後に完全子会社等となった場合に関する改正法847条の3第5項〔後記〕）。

　他方で，この5分の1基準は，責任原因事実が発生した時点で満たしていれば足りる。事後に5分の1基準を満たさなくなったとしても，特定責任追及の訴えの対象となることに変わりはない（ただし，完全親子会社関係は，原告適格の問題でもあり，責任原因事実発生時のみならず，提訴請求時にも必要とされている点に注意する必要がある）。

▶ 最終完全親会社等であった株式会社が完全子会社等となった場合

　最終完全親会社等が，責任原因事実が生じた日において最終完全親会社等

---

[56] 会社法制部会では，完全親子会社関係の要否の基準時は，提訴請求時とすべきである（＝提訴請求時にあれば足りる）旨の反対意見もあったところ，最終的には，責任原因事実が生じた日に存在することを必要とする規律とされた。岩原・前掲注44）7頁及び同14頁注26。

であった株式会社をその完全子会社等としたものである場合には，重要性基準（5分の1基準）の判断は，当該最終完全親会社等であった株式会社（現在は完全子会社等になっている株式会社）を最終完全親会社等とみなして行うことになる（改正法847条の3第5項）。つまり，責任原因事実が発生した日に対象となる子会社（Y社）の完全親会社であり，完全親子会社グループの頂点にあった株式会社（X社）を，他の株式会社（Z社）が完全子会社化した場合，重要性基準の判断に際しては，現在の最終完全親会社等（Z社）ではなく，責任原因事実発生時において最終完全親会社等であった会社（X社）の総資産額を基準として行うことになる。

③ 責任追及できない場合

通常の株主代表訴訟でも，濫訴防止等の観点から，その訴えが，当該株主若しくは第三者の不正な利益を図り又は当該株式会社に損害を加えることを目的とする場合，訴えの提起ができないこととされている（改正法847条1項ただし書）。

特定責任追及の訴えの場合，(i)特定責任追及の訴えが，当該株主若しくは第三者の不正な利益を図り又は当該株式会社若しくは<u>当該最終完全親会社等に損害を加えることを目的とする場合</u>（改正法847条の3第1項1号），あるいは，(ii)<u>当該特定責任の原因となった事実によって当該最終完全親会社等に損害が生じていない場合</u>（同2号）には，訴えの提起ができないこととされている。下線部分は，いずれも特定責任追及の訴えに特有のものであるが，特に(ii)は，グループ内部で子会社から親会社に利益が移転したり，兄弟会社間で利益が移転する場合も考えられるところ，それぞれの子会社単体で見れば損害が生じている場合でも，結果的に最終完全親会社等としては損害が生じていない場合もあり得るため，そのような場合を特定責任追及の訴えの対象から除外する趣旨の規定である。

(3) 事業報告における特定完全子会社に関する情報の開示

会社法施行規則の改正により，株式会社は，特定完全子会社（＝事業年度末日において，当該株式会社及びその完全子会社等における当該株式会社のある完全子会社

等の株式の帳簿価額が，当該株式会社の当該事業年度に係る貸借対照表の資産の部に計上した額の合計額の5分の1を超える場合における当該ある完全子会社等）がある場合には，事業報告において，当該特定完全子会社に関する情報を開示しなければならない（改正会社則118条4号）。具体的には，①特定完全子会社の名称及び住所（同号イ），②当該株式会社及びその完全子会社等における当該特定完全子会社の株式の当該事業年度の末日における帳簿価額の合計額（同号ロ），③当該株式会社の当該事業年度に係る貸借対照表の資産の部に計上した額の合計額（同号ハ）を事業報告に記載する必要がある。この開示は，公開会社のみならず非公開会社にも義務づけられる。

> **point 実務のポイント**
>
> 　各事業年度の末日における特定完全子会社に関する情報が事業報告において開示されることにより，特定責任追及の訴えを検討する最終完全親会社等の株主側としては，提訴請求に当たって，重要性基準（5分の1基準）の確認や立証が事実上容易になる。もっとも，事業報告における特定完全子会社に関する情報の開示は，事業年度末日の時点において特定責任追及の訴えに係る重要性基準を満たしていることを示す参考情報にとどまるものであり，実際に特定責任追及の訴えに係る重要性基準を満たすか否かについては，あくまで責任の原因となった事実が生じた日を基準に判断されることには留意する必要がある。
>
> 　また，各社においては，事業報告における特定完全子会社の開示の要否や内容を確認，検討するため，各事業年度ごとに，子会社株式の帳簿価額を定期的に確認することが必要となる。特に，中間完全子会社を通じて子会社株式を間接保有している場合には，中間完全子会社における当該子会社株式の帳簿価額が減損等により変更されている可能性もあるため，注意を要する。

(4) その他の規律

　前記のほか，取締役等の全部の責任を免除するときに必要となる同意（会社法

424条）について，当該責任が特定責任である場合には，子会社の総株主の同意だけでなく，最終完全親会社等の総株主の同意も必要とされることになる（改正法847条の3第10項）。同様に，一部の責任を免除するときに必要となる株主総会決議も，特定責任の場合，子会社の株主総会決議だけでなく，最終完全親会社等の株主総会決議も必要とされることになる（改正法425条1項）。また，定款の定めに基づく取締役会の決議等による特定責任の一部免除に関して異議を述べられる株主には，子会社の株主だけでなく，最終完全親会社等の株主も含まれ，いずれかで100分の3以上の異議が述べられた場合には責任免除は認められないことになる（改正法426条7項）。さらに，会社が，責任限定契約を締結した者（非業務執行取締役等）の任務懈怠により損害を受けたことを知った場合，当該損害が特定責任に係るものであるときは，当該子会社に加えて，最終完全親会社等の株主総会でも一定の事項を開示することが必要となる（改正法427条4項）。他方で，取締役会の決議等による責任の一部免除を可能とする定款を設ける場合については，当該子会社において株主総会決議を経れば足り，最終完全親会社等の株主総会決議は不要である（改正法426条2項参照）。また，責任限定契約の締結を可能とする定款を設ける場合についても，当該子会社において株主総会決議を経れば足り，最終完全親会社等の株主総会決議は不要である（改正法427条3項参照）[57]。

　また，通常の株主代表訴訟の場合，株主又は株式会社は，共同訴訟人として，又は当事者の一方を補助するため，訴訟参加することができるが（旧法849条1項），特定責任追及の訴えの場合，最終完全親会社等の株主も，共同訴訟人として，又は当事者の一方を補助するため，訴訟参加することができる（改正法849条1項。「株主等」の定義につき同847条の4第2項参照）。最終完全親会社等自身も，

---

[57] 岩原紳作ほか「〔座談会〕改正会社法の意義と今後の課題(下)」商事法務2042号（2014）9頁［坂本発言］によれば，改正法425条と426条・427条における最終完全親会社等の株主総会決議の要否に関する規律の差異について，426条・427条はあくまで定款を定める段階であり，例えば実際に責任限定契約を締結するかどうかや，現実に責任が発生したときに当該責任が特定責任に当たり得るかも分からない段階で，最終完全親会社等の株主総会決議まで要求するのは過剰であることによるものとされている。

当事者の一方を補助するため補助参加人として訴訟に参加することはできる（同849条2項2号）。

これに伴い，特定責任追及の訴えの場合，かかる訴えを提起した最終完全親会社等の株主から訴訟告知（改正法849条4項）を受けた子会社は，訴訟告知を受けた旨を遅滞なく公告・通知するほか（同5項。ただし，同8項の場合は不要），最終完全親会社等に対してもその旨を通知し（同7項），通知を受けた最終完全親会社等は，最終完全親会社等の株主に対してもその旨を遅滞なく公告・通知する必要がある（同10項2号）。これは，最終完全親会社等の株主に特定責任追及の訴えに係る訴訟への参加の機会を与える趣旨の規律である。なお，提訴請求を受けた子会社自身が提訴した場合における，その旨の公告・通知についても，同様である（改正法849条7項・10項2号）。

その他，株主が提訴請求せずに自ら直ちに提訴できる場合や不提訴理由の通知等については，通常の株主代表訴訟と同様の規律が設けられている。

また，特定責任追及の訴えの制度新設に伴い，最終完全親会社等の株主は，当該株式会社の株主ではなくても，当該株式会社の発起人等に対して責任追及等の訴えを提起できるようになったため，当該訴えの提起等に関して利益の供与がなされるおそれがあることから，改正法においては，株式会社は，最終完全親会社等の株主の権利の行使に関しても，財産上の利益の供与をしてはならないとする規律が設けられている（改正法120条1項）。

なお，特定責任追及の訴えと通常の株主代表訴訟との比較については，**図表1-18**を参照されたい。

(5) 適用時期（経過措置）

改正法によれば，施行日前にその原因となった事実が生じた特定責任については，改正法847条の3の規定は適用しないものとされている（改正法附則21条3項）。したがって，現時点で，完全親子会社関係があり，かつ，重要性基準を満たす子会社が存在していたとしても，改正法の施行日以前の事実については，施行日後に特定責任追及の訴えの対象とされることはない。

図表1-18　特定責任追及の訴えと通常の株主代表訴訟との相違点

	特定責任追及の訴え	通常の株主代表訴訟
原告適格	最終完全親会社等の株主 少数株主権（100分の1以上）	自社の株主 単独株主権
対象となる責任	重要性基準（総資産の5分の1超）により，重要な子会社の取締役等に限定	重要性要件なし
責任追及できない場合	・当該株主若しくは第三者の不正な利益を図り又は当該株式会社若しくは当該最終完全親会社等に損害を加えることを目的とする場合 ・当該最終完全親会社等に損害が生じていない場合	当該株主若しくは第三者の不正な利益を図り又は当該株式会社に損害を加えることを目的とする場合

　また，事業報告における特定完全子会社に関する情報の開示に関して，「施行日前にその末日が到来した事業年度のうち最終のものに係る株式会社の事業報告及びその附属明細書の記載又は記録については，なお，従前の例による。」とされており（改正省令附則6条本文），施行日（平成27年5月1日）以後にその末日が到来した事業年度に係る事業報告（例えば，5月末決算会社が，平成27年5月決算に関して作成する事業報告）から記載を要することとなる。

point　実務のポイント

　特定責任追及の訴えは，その対象が，完全親子会社関係にある子会社でかつ重要な子会社の取締役等の責任に限定されたほか，一定以上の株式保有を要件とする少数株主権となり，その適用場面は相当程度の限定がなされているが，これまで親会社株主から直接責任追及がなされることがなかった子会社の取締役等に対して責任追及がなされる可能性が生じた意義は大きい。また，特定責任追及の訴えの対象となる子会社役員の責任の免除について最終完全親会社等の株主総会決議が必要とされるようになったことから，責任の免除の実施は容易ではなくなった。このように特定責任追及の訴えが存在す

ることを背景に，親会社自身が，子会社の取締役等の責任追及を行う場合が増えることも考えられる。

　各社においては，特定責任追及の訴えの対象となる子会社が存するか否かを確認するとともに，対象となる子会社が存する場合には，役員構成を再検討したり，役員賠償責任保険（D&O保険）の被保険者の範囲の見直し等も検討する必要があろう。

　なお，前記のとおり，改正法の施行日以前の事実については，施行日後に特定責任追及の訴えの対象とされることはない。ただし，「その原因となった事実」が，いつの時点で発生していたのかについては，必ずしも区別が容易でない場合も考えられる以上，実務上は，対象となる子会社が存在するかの確認作業は早急に進めておく必要があろう。

2. 株式交換等をした場合における株主代表訴訟（旧株主による責任追及等の訴え）

 改正のポイント

① 旧株主による責任追及等の訴えの制度新設。
② 特定責任追及の訴えとの相違点。

(1) 概要

　改正法は，株式交換等（＝株式交換，株式移転，三角合併）により完全子会社化された株式会社（株式交換等完全子会社，改正法847条の2第1項）について，完全子会社化される前に取締役等の責任の原因となる事実が生じており，株主代表訴訟を提起し得る立場にあった株主（旧株主，改正法847条の2第1項）は，株式交換等によって完全子会社の株式を失った後も，その対価として取得した完全親会社の株式を引き続き保有している株主（適格旧株主，改正法847条の2第9項）である限り，従前どおり完全子会社の取締役等に対して株主代表訴訟を提起できるとする「旧株主による責任追及等の訴え」の制度を新設している（改正法847

図表 1-19

条の 2)。

　改正前会社法も，株主代表訴訟の係属中に株式交換等が実施され，提訴株主が当該株式会社の完全親会社の株主となった場合には，引き続き原告適格を有するものとされているものの（旧法 851 条），株主代表訴訟の提起前に株式交換等が実施された場合には，原告適格は失われる。

　そこで，改正法 847 条の 2 は，改正前会社法 851 条の規定を拡張し，株式交換等の効力発生日の時点で株式交換等完全子会社に提訴請求をすることができる地位にあった株主に，株式交換等の対価として取得した完全親会社の株式を引き続き保有している限り，株式交換等完全子会社の取締役等に対する株主代表訴訟の原告適格を認めている。

　図表 1-19 において，責任原因事実が発生した Y 社の株主 P は，X 社・Y 社間の株式交換により Y 社の株主としての地位を失うことになるが，当該株式交換の効力発生日以降，株式交換の対価として取得した X 社の株式を引き続き保有している場合には，Y 社の取締役等に対する株主代表訴訟の原告適格が認められることになる（適格旧株主）。ただし，Y 社が公開会社である場合，原告適格が認められる株主は，株式交換等の効力発生日の 6 か月前（定款でこれを下回る期間を定めた場合はその期間）から当該日（効力発生日）まで Y 社の株式を継続して保有していたものに限られる（改正法 847 条の 2 第 1 項・2 項）。

　なお，その後さらに株式交換等が繰り返された場合についても，株式交換等の効力発生日の時点で株式交換等完全子会社の取締役等に対して株主代表訴訟を提起し得る地位にあった株主には，同様に，株式交換等の対価として取得した株式

図表1-20　特定責任追及の訴えと旧株主による責任追及等の訴えの比較

	特定責任追及の訴え	旧株主による責任追及等の訴え
対象となる責任	完全親子会社関係，かつ，重要性基準（総資産の5分の1超）を満たす時点において責任原因事実が発生した場合の完全子会社の取締役等の責任	株式交換等の効力発生時までに（＝完全親子会社関係が成立する以前に）責任原因事実が発生していた場合の完全子会社の取締役等の責任
株式保有要件	・少数株主権（100分の1以上） ・公開会社の場合，提訴請求の6か月前から継続保有していることが必要	・単独株主権 ・公開会社の場合，株式交換等の効力発生日の6か月前から当該日まで継続保有していることが必要
対象となる子会社の限定	重要性要件あり （総資産の5分の1超）	重要性要件なし
責任原因事実発生時における完全親子会社関係	必要	不要
提訴請求時における完全親子会社関係	必要	必要

を引き続き保有している限り，原告適格が認められる（改正法847条の2第3項～5項）。例えば，前記**図表1-19**において，改正法847条の2第1項の規定に基づいて株主代表訴訟を提起し得る地位にある完全親会社（X社）の株主Pが，さらに当該完全親会社（X社）が株式交換等によって他社（Z社）の完全子会社になったことにより，当該完全親会社（X社）の株式を失ったとしても，その株式交換等の対価として取得した当該完全親会社（Z社）の株式を引き続き保有している限り，株式交換等完全子会社（Y社）の取締役等に対する株主代表訴訟の原告適格が認められることになる。

(2) 特定責任追及の訴えとの相違点（図表1-20）

　旧株主による責任追及等の訴えの制度は，完全親子会社関係を満たす時点で責任原因事実が発生した場合を対象とする特定責任追及の訴えと異なり，株式交換等の効力発生時まで（言い換えれば，完全親子会社関係が成立する前まで）に責任原因事実が発生した場合を対象とする。このため，公開会社である場合の株式継続

保有要件については，前記のとおり提訴請求前6か月ではなく，株式交換等の効力発生日の6か月前から当該日までの継続保有が求められている（改正法847条の2第1項）。他方，株式数の保有要件は定められておらず，株式交換等の効力発生時までに提訴できた株主代表訴訟と同様に，単独株主権とされている。さらに，株式交換等によって完全子会社となった株式会社であれば，全てが対象となり，特定責任追及の訴えのような重要性要件による重要な子会社への対象の限定はなされていない。

(3) その他の規律

前記のほか，取締役等の全部の責任を免除するときに必要となる同意（会社法424条）について，当該責任が株式交換等の効力発生時までに原因事実が生じた責任であり，株式交換等完全子会社に適格旧株主がある場合には，当該株式交換等完全子会社の総株主の同意だけでなく，適格旧株主の全員の同意が必要とされることになる（改正法847条の2第9項）。他方，特定責任追及の訴えと異なり，責任の一部免除に関しては，適格旧株主が存在することによる，特別な手続は存在しない。

また，通常の株主代表訴訟の場合，株主又は株式会社は，共同訴訟人として，又は当事者の一方を補助するため，訴訟参加することができるが（旧法849条1項），旧株主による責任追及等の訴えの場合，適格旧株主も，共同訴訟人として，又は当事者の一方を補助するため，訴訟参加することができる（改正法849条1項）。株式交換等完全親会社自身も，当事者の一方を補助するための補助参加人として訴訟に参加することはできる（同849条2項1号）。

これに伴い，旧株主による責任追及等の訴えの場合，かかる訴えを提起した適格旧株主から訴訟告知（改正法849条4項）を受けた子会社は，訴訟告知を受けた旨を遅滞なく公告・通知するほか（同5項。ただし，同8項の場合は不要），株式交換等完全親会社に対してもその旨を通知し（同6項），通知を受けた株式交換等完全親会社は，適格旧株主に対してもその旨を遅滞なく公告・通知する必要がある（同10項1号）。これは，適格旧株主に責任追及等の訴えに係る訴訟への

参加の機会を与える趣旨の規律である。なお，提訴請求を受けた子会社自身が提訴した場合における，その旨の公告・通知についても，同様である（改正法849条6項・10項1号）。

その他，旧株主が提訴請求せずに自ら直ちに提訴できる場合や不提訴理由の通知等については，通常の株主代表訴訟と同様の規律が設けられている。

また，旧株主による責任追及等の訴えの制度新設に伴い，適格旧株主は，当該株式会社の株主ではなくても，当該株式会社の発起人等に対して責任追及等の訴えを提起できるようになったため，当該訴えの提起等に関して利益の供与がなされるおそれがあることから，改正法においては，株式会社は，適格旧株主の権利の行使に関しても，財産上の利益の供与をしてはならないとする規律が設けられている（改正法120条1項）。

(4) 適用時期（経過措置）

改正法によれば，施行日前に株式交換等の効力が生じた場合については，改正法847条の2の規定は適用しないものとされている（改正法附則21条2項）。逆に言えば，施行日後に株式交換等の効力が生じた場合については，改正法847条の2の規定が適用されることになる。施行日前に株式交換契約の締結や株式移転計画の作成がなされ，改正前の手続に基づいて行われた株式交換等の場合であっても（改正法附則20条参照），その効力発生日が施行日後であれば，改正法847条の2の規定は適用される。今後，株式交換等を予定している場合には，スケジュール次第で違いが生じ得ることも留意すべきであろう。

point 実務のポイント

本制度は，その対象となる責任が，株式交換等の効力発生時までに既に発生した責任に限定されたものであるものの，対象となる会社は，重要な子会社に限定されず，全ての株式交換等完全子会社を対象とするものである。

今後，株式交換や株式移転等を行う場合，完全子会社となる会社の取締役

等においては，株式交換等の後も当該責任追及がなされ得ることを意識しておく必要がある。

第6節　グループガバナンスに関する改正

1．内部統制システムに関する改正

> **point　改正のポイント**
> ①グループ内部統制に関する規定を会社法施行規則から会社法本体に格上げ，基本方針として決議すべき事項の具体化。
> ②監査を支える体制等の規定の充実，具体化。
> ③運用状況の概要の事業報告への記載。

(1)　グループ内部統制に関する規定の会社法本体への格上げ，基本方針として決議すべき事項の具体化

①　改正の経緯

　改正前会社法は，株式会社の業務の適正を確保するために必要なものとして法務省令で定める体制（いわゆる内部統制システム）の整備に関して，取締役会の決議事項として定めているほか（旧法362条4項6号等），大会社又は委員会設置会社では，当該事項の決定を義務付けている（旧法362条5項・416条2項等）。

　この内部統制システムに関して，改正前の規律でも，「当該株式会社並びにその親会社及び子会社から成る企業集団における業務の適正を確保するための体制」（旧会社則100条1項5号等）としてグループ内部統制に関連する事項が含まれていたところ，改正会社法は，「当該株式会社及びその子会社から成る企業集団の業務の適正」を確保するため体制の整備を会社法施行規則（法務省令）ではなく，会社法本体に格上げをして規定している（改正法362条4項6号等）。

　これは，会社法制部会で，親会社株主の保護のあり方（いわゆる「上から下」）の1つとして，多重代表訴訟制度の審議に関連して提案されたものである。

　多重代表訴訟制度導入の反対の論拠の1つとして，子会社取締役の違法行為等

により子会社に損害が発生した場合，親会社株主は親会社取締役の子会社の管理・監視に関する責任を問えば足りるとの主張がなされたのに対して，改正前の規律では，親会社取締役が一般的に子会社又はその取締役の職務執行を管理・監視する責任を負っているか明確ではないとの主張がなされた。

　そこで，中間試案では，多重代表訴訟制度を創設する案に加えて，多重代表訴訟制度は創設せず，代わりに親会社の取締役（会）が，子会社取締役の職務執行の監督義務を負う旨の明文規定を設けるという提案がなされた（中間試案第2部第1の1・B案の（注）ア）。

　この親会社取締役による子会社監督義務を明文化するとの提案は，経済界を中心に企業のグループ経営を萎縮させるとの反対意見が強く，また，多重代表訴訟制度が導入されたこともあり，最終的に見送られることになったが，他方で，多重代表訴訟制度の導入と関係なく，子会社監督義務を明文化すべきとの意見もあった。

　そこで，従来の規律で定められていた義務を超えない範囲で法律に明文の規定を設けるものとして，改正前の会社法施行規則で規定されていた内部統制システムに関する決議事項のうち，グループ内部統制（企業集団における業務の適正確保の体制）が，会社法本体に格上げされることになった（要綱第2部第1の1）[58]。また，この格上げに合わせて法務省令（会社法施行規則）についても改正が行われ，グループ内部統制に関する基本方針として決議すべき事項が，従来よりも具体化された。

② 改正の具体的内容

> **改正会社法362条4項**（取締役会の権限等）
> 　取締役会は，次に掲げる事項その他の重要な業務執行の決定を取締役に委任することができない。
> 　一～五（略）
> 　六　取締役の職務の執行が法令及び定款に適合することを確保するための体

---

[58] 会社法制部会での審議過程の詳細については，岩原・前掲注44）7頁以下参照。

> 制その他株式会社の業務並びに当該株式会社及びその子会社から成る企業集団の業務の適正を確保するために必要なものとして法務省令で定める体制の整備
>
> **改正会社法施行規則100条1項**（業務の適正を確保するための体制）
> 　法第362条第4項第6号に規定する法務省令で定める体制は，<u>当該株式会社における次に掲げる体制</u>とする。
> 　一～四　（略）
> 　五　次に掲げる体制その他の当該株式会社並びにその親会社及び子会社から成る企業集団における業務の適正を確保するための体制
> 　　イ　当該株式会社の子会社の取締役，執行役，業務を執行する社員，法第598条第1項の職務を行うべき者その他これらの者に相当する者（ハ及びニにおいて「取締役等」という。）の職務の執行に係る事項の当該株式会社への報告に関する体制
> 　　ロ　当該株式会社の子会社の損失の危険の管理に関する規程その他の体制
> 　　ハ　当該株式会社の子会社の取締役等の職務の執行が効率的に行われることを確保するための体制
> 　　ニ　当該株式会社の子会社の取締役等及び使用人の職務の執行が法令及び定款に適合することを確保するための体制

（注）下線部が改正箇所。

　改正法は，上記のとおり，改正前会社法施行規則100条1項5号に相当する定めを，会社法本体に格上げして規定している（改正法362条4項6号）。取締役会非設置会社に関する改正会社法348条3項4号，新設された監査等委員会設置会社に関する同399条の13第1項1号ハ，指名委員会等設置会社に関する同416条1項1号ホでも同様の改正がなされている。

　ただし，改正前会社法施行規則100条1項5号が定めていた「<u>当該株式会社並びにその親会社及び子会社から成る企業集団における業務の適正を確保するための体制</u>」（下線筆者）のうち，親会社の業務の適正の確保に関する部分（いわゆる「下から上」に関する部分。下線部参照）は，格上げの対象に含まれておらず，格上げは子会社管理に関する事項に限られている。

　また，改正会社法362条4項6号は，「……その他株式会社の業務並びに当該株式会社及びその子会社から成る企業集団の業務の適正を確保するために必要な

ものとして法務省令で定める体制」(下線筆者) と定め，具体的な体制は法務省令で規定することとしている。

そして，これを受け，改正会社法施行規則100条1項5号は，
(ⅰ) 子会社の取締役等の職務の執行に係る事項の当該株式会社への報告に関する体制（改正会社則100条1項5号イ）
(ⅱ) 子会社の損失の危険の管理に関する規程その他の体制（同号ロ）
(ⅲ) 子会社の取締役等の職務の執行が効率的に行われることを確保するための体制（同号ハ）
(ⅳ) 子会社の取締役等及び使用人の職務の執行が法令及び定款に適合することを確保するための体制（同号ニ）

を，新たな決定事項として追加している。これは，改正前の同号における「当該株式会社並びにその親会社及び子会社から成る企業集団における業務の適正を確保するための体制」を具体化・細分化して規定したものとされる。

取締役会非設置会社に関する改正会社法施行規則98条1項5号イ～ニ，監査等委員会設置会社における同110条の4第2項5号イ～ニ，指名委員会等設置会社における同112条2項5号イ～ニも同様の規定が追加されている。

③　経過措置（適用時期）

本改正については，改正会社法，改正会社法施行規則のいずれも改正規定の適用時期に関して，経過措置は定められていない。このため，改正法施行後，直ちに改正後の規律が適用される。

この点，本改正は，改正前の会社法施行規則において定められている事項を会社法に格上げするものであり，また，改正前の規律に基づく決議を適切に行っている会社であれば，改正法の規律に基づき求められる決議内容も実質的にはカバーされていると考えられ，施行日までに改正後の条文に基づいた見直しの決議を行わなかったとしても，改正法に基づく決議義務に違反するわけではないとされる[59]。もっとも，会社法・会社法施行規則の条文が変更されることによって，既に決議済みの内部統制システムの基本方針に関する各項目の標題等と条文の文

言との間に齟齬が生ずる場合も考えられ，実務上は，改正法の施行時を目途に体制整備の決議についても改定を行うことが望ましいと考えられる。

④ 親会社取締役による子会社監督義務の解釈への影響

本改正は，「あくまで現行法上の義務を超えない範囲で法律に明文の規定を設けるもの」と説明されており[60]，親会社取締役による子会社監督義務の規律に実質的な変更を加えるものではないとも解される[61]。

しかし，本改正がなされるに至った会社法制部会での審議過程や子会社管理に関する事項（「上から下」）についてのみ会社法に格上げをしたという条文構造等を踏まえると，親会社取締役による子会社監督義務に関する従来からの解釈に影響が生ずる可能性も否定できない。特に，会社法制部会では，親会社取締役が子会社取締役に対し違法行為を直接指図したような特段の事情がない限り，子会社の監督責任を負わないとした裁判例（東京地判平成13・1・25判時1760号144頁）が，やや独り歩きしている現状（会社法制部会第17回会議議事録28頁［塚本関係官発言］）に照らし，親会社取締役に子会社監督義務があることにつき何らかの規定を置くべきとの指摘（会社法制部会第17回会議議事録18頁［田中幹事発言]），あるいは，当該裁判例について，持株会社化が進んだ今日ではかかる解釈論は維持されていないことを確認すべきとの指摘（会社法制部会第20回会議議事録26頁［藤田幹事発言]）がなされていたという経緯には留意する必要がある[62]。

本改正が，親会社取締役による子会社監督義務の解釈にどのような影響を及ぼすかについては，今後の議論・裁判例等の集積を待つ必要があるが，会社法制部会での審議経過に照らすと，実務上，親会社取締役としては，（その義務の内容や程度はともかく）子会社について，当該株式会社及びその子会社から成る企業集

---

59) 坂本三郎ほか「会社法施行規則等の一部を改正する省令の解説(I)」商事法務2060号（2015）9頁。
60) 岩原・前掲注44) 9頁。
61) 岩原ほか・前掲注57) 5頁［岩原発言］。
62) 塚本英巨「平成26年改正会社法と親会社取締役の子会社監督責任」商事法務2054号（2014）28頁も参照。

団における重要性，株式の所有の態様，子会社の業務に対する影響力や指図の有無及び程度，子会社で行われる行為の性質等に応じて，その業務を監督しなければならないという一般的規範が存すること[63]を前提に，グループ内部統制の体制構築を行うべきと考えられる。

⑤ グループ内部統制の見直し

④のとおり，親会社取締役としては，実務上，一定の範囲で子会社監督義務が存在することを前提にグループ内部統制を構築すべきと考えられるが，その場合でも，親会社取締役が，いかなる方法で子会社管理を行うか（親会社として子会社の経営にどの程度まで関与をするのか，どの程度の独立性を認めるのか）は，基本的に経営判断原則の適用対象となり，取締役に広い裁量が認められるものと解される[64][65]。

他方で，グループ内部統制について，一定の体制整備の決議がなされていたとしても，実際には当該決議に相当する体制が整備されていない，あるいは，当該決議に沿った運用がなされていなかったような場合，そのことをもって親会社取締役が子会社監督責任を問われる原因となりかねない。

したがって，各社では，子会社管理の現状を確認の上，各子会社をどのような方針・方法で管理するのか，親会社としてどのような情報を報告させるのかといった，グループ内部統制において親会社として果たす役割について，改めて整理しておく必要がある。

----

63) 神作裕之「親子会社とグループ経営」江頭憲治郎編『株式会社法大系』（有斐閣，2013）101 頁。
64) 神作・前掲注 63) 102 頁。
65) ただし，持株会社グループ全体がいわば 1 つの企業であり，その完全子会社が実質的に持株会社の一部門であるような場合には，親会社自身の内部部門に対するものと同水準の内部統制システムを構築すべきという考え方を示唆するものとして，山田和彦「子会社管理責任及び親子会社間取引にかかる実務対応」資料版商事法務 360 号 38 頁。また，岩原紳作「金融持株会社による子会社管理に関する銀行法と会社法の交錯」金融法務研究会『金融持株会社グループにおけるコーポレート・ガバナンス』（全国銀行協会，2006）79 頁。

> **point 実務のポイント**
>
> 　親子会社間で，どのような事項を協議・承認事項とし，どのような事項を報告事項とするか，あるいは，子会社においてどのようなリスク管理体制を構築させるのか等については，①個別に経営管理契約等を締結して管理する方法や，②親会社がグループ会社管理規程等を定め，各子会社にこの規程に従うことを求める方法等が考えられ，グループ内部統制に係る内部統制システム決議の見直しを行う際には，これらの規程等についても併せて見直しをすることが望ましい。
>
> 　また，子会社であっても，完全親子会社関係であるか否か，上場子会社であるか否か，設立後間もない会社であるか否か，M&Aにより買収してきた会社であるか否か，さらに，国内・海外子会社の別によって，適切な子会社管理の方法はそれぞれ異なり得る。子会社の管理の方針・親会社が果たすべき役割については，全ての子会社に共通するものではなく，各子会社の事情，管理すべきリスクの内容に応じて，範囲を明確化しておく必要があろう。

(2) 監査役の監査を支える体制等の整備

① 改正の経緯

　改正前会社法施行規則100条3項は，監査役設置会社（会計監査権限に限定された場合も含む）における内部統制システムの整備の内容として，

(i) 監査役がその職務を補助すべき使用人（補助使用人）を置くことを求めた場合における当該使用人に関する事項

(ii) 補助使用人の取締役からの独立性に関する事項

(iii) 取締役及び使用人が監査役に報告をするための体制その他の監査役への報告に関する体制

(iv) その他監査役の監査が実効的に行われることを確保するための体制

を含むことを求めていた。

　もっとも，使用人から監査役への情報提供等の体制は十分ではなく，実効的であるとまでは言い難いとの指摘がなされていたことを踏まえ，要綱は，監査役の

監査の実効性を確保する観点から，「<u>監査を支える体制</u>や<u>監査役による使用人か</u><u>らの情報収集に関する体制</u>に係る規定の充実・具体化を図る」こととしていた（要綱第 1 部（第 1 の後注），下線筆者）。

②改正の内容

　要綱の内容を受け，改正会社法施行規則 100 条 3 項は，監査を支える体制等として，改正前の内容に加え，

　(ⅰ)　補助使用人に対する指示の実効性確保に関する事項（改正会社則 100 条 3 項 3 号）
　(ⅱ)　監査役設置会社の子会社の取締役等またはこれらの者から報告を受けた者が当該監査役設置会社の監査役に報告をするための体制（同項 4 号イ・ロ）
　(ⅲ)　監査役に報告した者が不利な取扱いを受けないことを確保するための体制（同項 5 号）
　(ⅳ)　監査費用の処理に係る方針（同項 6 号）

を追加している。

　なお，会社法制部会の審議の初期段階では，従業員が監査役に不祥事等の情報を提供しやすくするという観点から，監査役の一部の選任に関し，株主総会に提出する議案の内容を従業員が決定すべき（いわゆる従業員代表監査役）との意見が出されていたことに対応して，中間試案補足説明には，内部統制システムに関する事項（特に「監査役への報告に関する体制」）に，使用人が監査役に法令違反等の情報を提供したことを理由として当該使用人に対して不利益な取扱いをしないようにするための体制を明記することが考えられる，との指摘がなされていた（中間試案補足説明第 1 部第 2 の 2 (2)）。

③　経過措置（適用時期）

　本改正については，経過措置は定められていない。このため，改正法施行後，直ちに改正後の規律が適用される。もっとも，本改正は，従来の会社法施行規則 100 条 3 項に規定されていた監査を支える体制や監査役による使用人からの情報

収集に関する体制に係る規定を充実・具体化したものとされ，改正前の規律に基づく決議を適切に行っている会社であれば，施行日までに改正後の条文に基づいた見直しの決議を行わなかったとしても，改正法に基づく決議義務に違反するわけではないとされる[66]。もっとも，会社法・会社法施行規則の条文が変更されることによって，既に決議済みの内部統制システムに関する基本方針の各項目の標題等と条文の文言との間に齟齬が生ずる場合も考えられ，実務上は，改正法の施行時を目途に体制整備の決議についても改定を行うことが望ましいと考えられる。

④ 実務への影響

監査を支える体制や監査役による使用人からの情報収集に関する体制は，いずれも既存の内部統制システムに関する決議事項の充実・具体化であり，改正後の規律に相当する内部統制システムの体制を構築済みの会社も多いと思われる。

例えば，監査役による使用人からの情報収集体制のための制度として，監査役を通報の窓口とする内部通報制度を設けている場合には，（通報により不利益を受けないようにする仕組みも含め）当該制度について決議することが考えられる。

各社においては，既存の内部統制システムの基本方針に関する決議及び当該基本方針に基づく具体的な体制の構築の状況にも鑑み，新たに基本方針に関する決議として追加すべき事項はないか，既に存在する制度がこれに該当しないか，という観点で整理をする必要がある。

(3) **内部統制システムの運用状況の概要の事業報告への記載**

① 改正の経緯

改正前会社法は，内部統制システムの基本方針について，大会社や委員会設置会社の取締役会において，その決議を義務付け（旧法362条4項6号・5項等），

---

66) 平成27年省令パブコメ結果34頁，坂本三郎ほか「会社法施行規則等の一部を改正する省令の解説(1)」商事法務2060号（2015）9頁。

図表 1-21　内部統制システムに係る取締役会決議に関する記載

	現行法	改正法
事業報告	・内容の概要	・内容の概要 ・運用状況の概要
監査報告	・内容の相当性	・内容の相当性

当該決議の内容の概要を事業報告に記載することを義務付けている（旧会社則118条2号）。また，その相当性に関する事項（業務の適正を確保するための体制に関する事項が事業報告の内容となっている場合において，当該事項の内容が相当でないと認めるときは，その旨及びその理由）が監査報告の内容とされている（旧会社則129条1項5号・130条2項2号・131条1項2号）[67]。

他方で，内部統制システムの運用状況は事業報告の記載事項とはされていない（旧会社則119条以下参照）。

そこで，要綱は，内部統制システムの構築をさらに実効的なものとするために，内部統制システムの運用状況の概要を事業報告の内容に追加することとした（要綱第1部(第1の後注)，**図表 1-21**）。

② 改正の内容

改正会社法施行規則118条2号は，内部統制システムの基本方針の決議の内容の概要に加え，「当該体制の運用状況の概要」を事業報告の内容として開示することを求めている。内部統制システムの基本方針について決議が義務がある否かを問わず，また，公開会社であるか否かを問わず，内部統制システムの基本方針

---

[67] 監査報告の記載対象となる内部統制システムの「相当性」について，会社法の立案担当者は，①取締役会で決議された事項が事業報告において適切に開示されているか（開示の相当性），②決議内容が当該会社の業務の適正を確保するためのものとして適切であるか（決議内容の相当性）及び③決議された内容を実現するための適切な運用がなされているか（運用の相当性）が対象になると指摘する（相澤哲＝郡谷大輔「事業報告」相澤哲編『立案担当者による新会社法関係法務省令の解説』〔商事法務，2006〕58頁）。他方，条文の文言からは③は含まれないと解するのが自然と指摘する見解もある（弥永真生『コンメンタール会社法施行規則・電子公告規則』〔商事法務，2007〕734頁）。もっとも，弥永教授も運用が不適切な場合には，取締役会としては改めて適切な決定をすべきであり，適切な決定を行わないことにより，「その事項の内容」が相当でないという判断をすることになるのではないかと指摘する。

の決議を行っているすべて会社が，対象となる。

③　経過措置（適用時期）

　本改正による運用状況の開示については，経過措置が設けられている。具体的には，「施行日前にその末日が到来した事業年度のうち最終のものに係る株式会社の事業報告及びその附属明細書の記載又は記録については，なお従前の例による。」(改正省令附則2条6項本文)とされている。このため，3月決算会社の場合，施行日（平成27年5月1日）よりも前に末日が到来した平成27年3月期決算に係る事業報告には，内部統制システムの運用状況の概要を記載する必要はない。3月決算会社の場合，最初に内部統制システムの運用状況の概要を記載するのは，平成28年3月期決算に係る事業報告からとなる。また，「施行日以後にその末日が到来する事業年度のうち最初のものに係る株式会社の事業報告」における運用状況の開示は，「施行の日以後のものに限る」との限定が付されているため（改正省令附則2条7項），その際の開示は施行日以降の運用状況を開示することとなる。

④　実務への影響

　内部統制システムの運用状況について，実務上は，従来から各社において，取締役会等に一定の報告がなされていると思われるが，本改正後は，単に取締役会等で報告するのみならず，事業報告において，その運用状況の概要を開示していく必要がある。

　各社においては，現行の内部統制システムの運用状況について，改めて見直しを行い，内部統制システムの決議状況と具体的な運用状況の間で不整合が生じていないか確認するとともに，開示に備えて，運用状況を記録しておく必要がある。

2. 子会社少数株主保護に関連する情報開示の充実

> **point 改正のポイント**
> ①親会社等との取引に関して利益を害さないよう留意した事項等を事業報告に記載。
> ②①に関する意見を監査役（会）の監査報告に記載。

(1) 改正の経緯

　今回の会社法改正では，親子会社関係の規律について，大きな問題意識として，(i)親会社株主の保護（「上から下」）と(ii)親会社が子会社と取引をする際に不公正な取引条件で取引をする等して子会社を搾取するようなことから子会社の少数株主や債権者を保護（「下から上」）という2つの視点で議論がなされた。

　このうち，(ii)子会社少数株主保護の問題について，中間試案は，親会社との利益が相反する取引により子会社が不利益を受けた場合の親会社の責任について，明文の規定を設ける案と規定を設けない案の両案を併記していた（中間試案第2部第2の1）。この点については，経済界を中心に親会社が責任を負う要件が不明確であり，親子会社間の取引に萎縮効果をもたらす等といった主張がなされ，最終的には明文の規定は設けないこととなった[68]。

　その代わりに，子会社少数株主の保護の観点から，法務省令により親会社等との利益相反取引に関する情報開示の充実を図るという中間試案において示された案（中間試案第2部第2の2）が採用された（要綱第2部（第1の後注））。

(2) 改正の内容

　①当該株式会社とその親会社等との間の取引であって，当該事業年度に係る個別注記表に表示された親会社等との取引がある場合，当該取引に関し，
　　(i) 当該株式会社の利益を害さないように留意した事項

---

[68] 会社法制部会での審議過程の詳細については，岩原・前掲注44）11頁。

(ⅱ)　当該取引が当該株式会社の利益を害さないかどうかについての当該株式会社の取締役（会）の判断及びその理由
　(ⅲ)　社外取締役を置く株式会社において，(ⅱ)の取締役会の判断が社外取締役の意見と異なるときは，その意見
を事業報告の内容とする（改正会社則118条5号）
　②①についての意見を監査役（会）等の監査報告の内容とする（改正会社則129条1項6号等）
こととなった。
　①の記載対象となる取引は，当該株式会社の親会社等（改正法2条4号の2参照）との間の取引であって，当該事業年度に係る個別注記表において，「関連当事者との取引に関する注記」（会社計算112条1項）が求められる取引である。ここでいう，「親会社等」との取引には，「当該株式会社と第三者との間の取引で当該株式会社とその親会社等との間の利益が相反するもの」，いわゆる間接取引が含まれる（改正会社則118条5号括弧書）。また，取引の相手方は「親会社等」である。「親会社等」とは，改正会社法により，新たに創設された概念であり，親会社に加え，いわゆるオーナー株主たる個人（自然人）をあわせた概念である（改正法2条4号の2，改正会社則3条の2第2項・3項）。また，関連当事者取引注記の記載対象となる取引は，「重要なもの」（会社計算112条1項本文）とされており，かかる重要性の判断は，「関連当事者の開示に関する会計基準」（企業会計基準第11号），「関連当事者の開示に関する会計基準の適用指針」（企業会計基準適用指針第13号）における重要性の判断を参考にするのが一般である。

　株式会社の利益を害さないように留意した事項として，具体的に，どのような事項を記載するのかについては，個別の取引の種類，内容等に応じて検討する必要があるが，従来の個別注記表でも記載事項とされていた「取引条件及び取引条件の決定方針」（会社計算112条1項6号）や内部統制システムに関する体制整備の決議の内容といった他の開示事項との整合性にも留意する必要がある。

　なお，親会社等との取引に関連する事項は，原則として，事業報告に記載されることとなる（改正会社則118条5号）。ただし，会計監査人設置会社以外の株式

会社の場合，関連当事者との取引に関する注記事項を一部省略することが認められている（会社計算112条1項但書）。このため，かかる省略を行った親会社等との取引に係る開示は，事業報告ではなく，その附属明細書において行うこととなる（改正会社則128条3項）。

また，②の監査役の意見は，事業報告における表示の適正さのみならず，取引内容に関する意見を記載させる趣旨であると指摘されている（会社法制部会第17回会議議事録49頁［内田関係官発言］）。

(3) **経過措置（適用時期）**

事業報告とその附属明細書の記載については，今回の改正に際して経過措置が設けられた。具体的には，「施行日前にその末日が到来した事業年度のうち最終のものに係る株式会社の事業報告及びその附属明細書の記載又は記録については，なお従前の例による。」（改正省令附則2条6項本文）とされている。このため，3月決算会社の場合，施行日（平成27年5月1日）よりも前に末日が到来した平成27年3月期決算に係る事業報告・附属明細書は，従前の例によることとされ，親会社等との取引に関連する事項を記載する必要はない。3月決算会社の場合，最初に親会社等との取引に関連する事項を記載するのは，平成28年3月期決算に係る事業報告・附属明細書からとなる。

また，「施行日以後にその末日が到来する事業年度のうち最初のものに係る株式会社の事業報告」とその附属明細書における親会社等との利益相反取引に関連する事項の開示は，「施行の日以後のものに限る」との限定が付されている（改正省令附則2条7項・8項）。したがって，3月決算会社の場合，平成28年3月期（平成27年4月1日から平成28年3月31日）決算に係る事業報告・附属明細書において，施行日（平成27年5月1日）以後になされた親会社等との取引に関連する事項についての開示を行うこととなる。

ただし，実際に事業報告等に記載を行うのは前記のようなタイミングだとしても，記載対象となる取引はそれまでの事業年度中の取引である。このため，例えば，子会社の利益を害さないように親子会社間取引についてのガイドラインを作

成したり，取引条件決定に関するルールを設定する等の対応を新たに行うのであれば，各社において記載対象となる取引がどの時点の取引であるのかも考慮の上，早めに準備を進めておく必要がある。

(4) 実務への影響

　本改正は，親子会社間の取引に際して，子会社が自らの利益を害さないように留意した事項等の事後的な開示を求めるものであり，親子会社間取引に関する，子会社取締役の善管注意義務・忠実義務の内容を加重するものではない。

　もっとも，親子会社間の取引に関連して，子会社少数株主から責任追及された場合，子会社取締役としては，取引当時，いかにして子会社の利益を害さないように留意したのか等を主張する必要がある。そして，この場合，子会社取締役としては，事業報告等において開示済みの内容を中心に主張をしていくことになると考えられる。このため，本改正は，子会社に対して，単に事後的な情報開示を求めるだけでなく，子会社取締役に対して，親子会社間の取引に際して，子会社の利益を害さないよう一定の対策を講じるよう促す効果を有することになる。

　また，本改正は，直接的には子会社に対して，一定の情報開示義務を求めるものであるが，子会社に善管注意義務に反するような親子会社間取引を行わせないことは，親会社取締役にとっても，グループ内部統制（子会社管理）の一環として重要である。このため，自社が子会社の立場において記載を求められる場面のみならず，自社が親会社等の立場になる場合も含めて，どのような記載をすべきか具体的に検討しておく必要がある。

> **point　実務のポイント**
>
> 　同じ親子会社間の取引であっても，市場価格が存在する製品・サービスの場合には，市場価格を勘案して取引を行えば足り，子会社の利益を害さないよう留意した事項の記載も比較的容易と思われる。
> 　もっとも，仮に製品・サービスに市場価格が存在したとしても，親子間取

引においては，市場価格とは異なる価格で取引がなされている場合もある。また，親子会社間においては，例えば，グループ会社の管理・経営指導料の徴収に関する経営管理契約，親会社が保有するグループとしての商標の使用に関する商標使用契約等，市場価格が存在せず，客観的に適正な対価がいくらであるのか，一義的には確定し難い取引も相当程度存在する。これらの場合，取引条件が公正であり，子会社の利益が害されていないことを定量的に説明するのは容易ではない。このような場合，例えば，上場会社において，企業行動規範として，親会社を含む支配株主との重要な取引等の決定に際して，当該決定が上場会社の少数株主にとって不利益なものでないことに関し，支配株主との間に利害関係を有しない者による意見を入手し，また必要かつ十分な情報開示を行うことが義務付けられていること（東証上場規程441条の2）を参考にすることが考えられる。すなわち，親会社との間に利害関係を有しない者，具体的には，社外取締役・社外監査役・独立役員による意見を入手する，あるいは，別途これらの者で構成される委員会による承認を得るといった方法である。

　また，親子会社間の取引量が多く，個別の取引毎に独立役員等による承認を得たりするのが，容易ではない場合には，独立役員等の承認の下，取引条件決定についてのガイドライン等を作成し，これに従って取引を行う方法を採ることも考えられる。

　いずれにしても，実際には，個別の取引の種類，内容等に応じて，取引時には，どのような対応を行い，事業報告等においてどのように開示をするのか検討を進めておく必要がある。

第 2 章

M&A に関連する改正

第 1 節　キャッシュ・アウト

1. 総論

> **改正のポイント**
> ① 「特別支配株主」による株式等売渡請求制度の創設。
> ② 全部取得条項付種類株式の取得及び株式の併合についても，キャッシュ・アウトに利用することを念頭に置いた制度改正。

(1) 改正の背景及び概要

「キャッシュ・アウト」とは，現金を対価としてある会社の少数株主を締め出すことである。

改正前会社法上，かかるキャッシュ・アウトを行うための主な手法としては，①金銭を対価とする組織再編，②全部取得条項付種類株式の取得，及び，③株式の併合が存在する（ただし，③については，少数株主を保護するための制度が欠けていることから，事実上，キャッシュ・アウトには利用されていない。また，①及び②については，税制上の理由等により，主に用いられるのは②の手法である）。

もっとも，①については，いわゆる略式組織再編に該当しない限り，キャッシュ・アウトの対象となる株式を発行している会社において株主総会の特別決議が必要とされており，また，②については，常に当該会社において株主総会の特別決議が必要となるため，いずれにおいても，キャッシュ・アウトの完了には長時間を要し，時間的・手続的コストが大きいと指摘されている（中間試案補足説明第 2 部第 3 の 11）。

また，キャッシュ・アウトが行われる場合は，先行して公開買付けが行われることが多いところ，公開買付けの完了からキャッシュ・アウトが行われるまでに長期間を要すると，公開買付けに応募しなかった株主が不安定な立場に置かれ，公開買付けの強圧性が高まる（公開買付けの買付価格が不十分であると考える株主も，応募しないことから生ずる不利益を避けるために公開買付けに応募してしまう可能性が高まる）との指摘もされている（中間試案補足説明第2部第3の11）。

　そこで，今般の平成26年改正は，かかる従来のキャッシュ・アウト手続の問題を解決すべく，特別支配株主による株式等売渡請求の制度を設けた。すなわち，株式等売渡請求の制度では，キャッシュ・アウトの対象となる株式を発行している会社の総株主の議決権の90％以上を有する「特別支配株主」は，当該会社の株主総会決議を受けることなく，当該会社の少数株主に対し，当該会社の株式等の売渡しを請求することが可能とされた。

　なお，株式等売渡請求の制度は，キャッシュ・アウトの対象となる株式を発行している会社の総株主の議決権の90％以上を有する特別支配株主が利用することのできる新たな手法であり，他の手法によるキャッシュ・アウトに関する改正前会社法の規律の変更は意図されていないものとされている（中間試案補足説明第2部第3の11）。

　そのため，今般の平成26年改正では，従来，キャッシュ・アウトに用いられてきた全部取得条項付種類株式の取得のほか，株式の併合についても，これらがキャッシュ・アウトに用いられ得ることを踏まえ，キャッシュ・アウトされる少数株主を保護するための制度改正が行われた。

　これらの改正により，キャッシュ・アウトに利用し得る手法は，さらに多様化していくものと思われる。

(2) キャッシュ・アウトを行うための手法の比較[1]
① 法的効果による区分

---

[1] 菊地伸＝石井裕介『会社法 改正法案の解説と企業の実務対応』（清文社，2014）152頁。

平成 26 年改正後においてキャッシュ・アウトを行うための手法は，その法的効果の違いに着目して，2 つの類型に区分することができる。

　まず，少数株主の有する株式がキャッシュ・アウトを行う株主に直接移転し，その対価として，事前に決定された額の金銭が少数株主に交付される類型（以下「直接移転型」という）がある。金銭を対価とする組織再編や，新たに創設された株式等売渡請求がこれに該当する。

　他方で，少数株主の有する株式がいったん端数株式となった後，端数の処理により当該端数株式が売却され，当該売却の代金が少数株主に交付される類型（以下「端数処理型」という）もある。全部取得条項付種類株式の取得や，株式の併合がこれに該当する。

② 意思決定手続による区分

　次に，対象会社において必要となる会社法上の意思決定手続の違いに着目して，株主総会決議を要するもの（以下「株主総会決議必要型」という）及び株主総会決議を要しないもの（以下「株主総会決議不要型」という）という 2 つの類型に区分することもできる。全部取得条項付種類株式の取得[2]や株式の併合のほか，金銭を対価とする組織再編も，（略式手続の要件を満たさない場合には）株主総会決議必要型に該当する。他方，株式等売渡請求や金銭を対価とする略式組織再編は，株主総会決議不要型に該当する。

③ まとめ

　以上を踏まえ，平成 26 年改正後における主なキャッシュ・アウトの手法を，法的効果及び対象会社における意思決定手続に着目して類型別に整理すると，次のとおりとなる。

---

2) 産業競争力強化法上，公開買付けに続いて行われる全部取得条項付種類株式の取得について，公開買付者が総株主の議決権の 90％以上の保有者となることその他所定の要件を満たす場合には，対象会社の株主総会決議，裁判所の許可等を省略し得るものとする制度（同法 35 条）を除く。

	直接移転型	端数処理型
株主総会決議必要型	金銭を対価とする組織再編	全部取得条項付種類株式の取得 株式の併合
株主総会決議不要型	金銭を対価とする略式組織再編 株式等売渡請求	×

2．特別支配株主の株式等売渡請求

 改正のポイント

①対象会社の株主総会決議を要しないことにより，スケジュール短縮が可能。

②新株予約権や新株予約権付社債も売渡請求の対象とすることが可能。

③少数株主の救済制度として，(a)差止請求，(b)売買価格の決定の申立て，(c)無効の訴えを整備。

(1) 株式等売渡請求制度の概要

① 概要

　株式等売渡請求制度は，対象会社の総株主の議決権の10分の9以上を有する特別支配株主が，対象会社の少数株主等（売渡株主及び売渡新株予約権者）に対し，その有する対象会社の株式及び新株予約権の全部を特別支配株主に売り渡すことを請求することができるというものである（**図表2-1**）。

　株式等売渡請求制度は，その他のキャッシュ・アウトの手法と異なり，株式のみならず対象会社の新株予約権や新株予約権付社債もキャッシュ・アウトの対象とすることができる（改正法179条2項・3項）。したがって，改正前と異なり，対象会社がストック・オプション（新株予約権）や新株予約権付社債を発行している場合でも，その保有者の個別の同意や協力を得ることなく，これらを一括処理することが可能であり，潜在株式を含めた完全子会社化の実現が安定的に担保されることになる。

図表 2-1 株式等売渡請求制度の利用

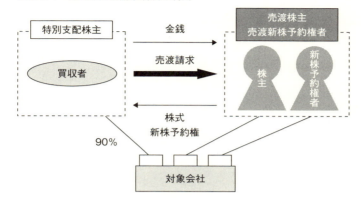

② 主な概念

▶ 特別支配株主

　株式等売渡請求をすることができる「特別支配株主」とは，対象会社以外の者であって，対象会社の総株主の議決権の10分の9（これを上回る割合を対象会社の定款で定めた場合にあっては，その割合）以上を有する者をいう（改正法179条1項）。特別支配株主か否かを判断する際の議決権数の算定にあたっては，(i)その者が発行済株式の全部を有する株式会社，(ii)その他これに準ずるものとして法務省令で定める法人（(i)及び(ii)を併せて「特別支配株主完全子法人」という）が有する議決権の数も合算することとされている（改正法179条1項，改正会社則33条の4）。上記(ii)は，(イ)その者がその持分の全部を有する法人（株式会社を除く），(ロ)その者及び特定完全子法人がその持分の全部を有する法人（株式会社を含む），(ハ)特定完全子法人がその持分の全部を有する法人（株式会社を含む）を指す。また，「特定完全子法人」とは，上記(i)の株式会社及び上記(イ)の法人を指すが，上記(ロ)及び(ハ)の適用については，上記(ロ)及び(ハ)に掲げる法人自体も「特定完全子法人」とみなされる。よって，結論としては，「特別支配株主完全子法人」とは，その者が直接その持分の全部を有する法人（株式会社を含む）のみならず，間接的にその持分の全部を有する法人（株式会社を含む）もすべて含まれることとなる。

特別支配株主は，会社には限られず，それ以外の法主体（会社以外の法人〔外国法人も含む〕や自然人のほか，組合〔ファンド等〕も特別支配株主に該当し得ると解される）も，上記のような議決権保有の要件を満たせば，特別支配株主に該当する。

▶ 対象会社

対象会社は，「株式会社」とだけ規定されており（改正法179条2項），公開会社か否かを問わない。

▶ 対象となる株式等

まず，対象会社の株主（対象会社及び特別支配株主は除かれる）の全員に対して，その有する対象会社の株式の「全部」を売り渡すよう請求する必要がある（株式売渡請求）。ただし，特別支配株主完全子法人が有する株式は，特別支配株主の選択により，株式売渡請求の対象としないことができる（改正法179条1項ただし書）。

対象会社が複数の種類の株式を発行している場合には，全ての種類の株式が株式売渡請求の対象となり，一部の種類の株式のみを株式売渡請求の対象とすることはできない（なお，株式の種類毎に異なる対価を定めることはできる〔改正法179条の2第2項〕）。

次に，対象会社が新株予約権や新株予約権付社債を発行している場合は，株式売渡請求と併せて，対象会社の新株予約権者（対象会社及び特別支配株主は除かれる）の全員に対して，その有する新株予約権の「全部」を売り渡すよう請求することができる（新株予約権売渡請求）。ただし，株式売渡請求と同様，特別支配株主完全子法人が有する新株予約権は，特別支配株主の選択により，新株予約権売渡請求の対象としないことができる（改正法179条2項ただし書）。

なお，上記新株予約権が新株予約権付社債に付された新株予約権の場合は，当該新株予約権について別段の定めがない限り，当該新株予約権についての

図表 2-2

(i)	特別支配株主完全子法人に対して株式売渡請求をしないこととするときは、その旨及び当該特別支配株主完全子法人の名称
(ii)	売渡株主に対して売渡株式の対価として交付する金銭の額又はその算定方法
(iii)	上記(ii)の金銭の割当てに関する事項
(iv)	株式売渡請求に併せて新株予約権売渡請求(新株予約権付社債についての社債の売渡請求も含む)を行う場合
	A その旨
	B 特別支配株主完全子法人に対して新株予約権売渡請求をしないこととするときは、その旨及び当該特別支配株主完全子法人の名称
	C 売渡新株予約権者に対して売渡新株予約権(新株予約権付社債についての社債を含む)の対価として交付する金銭の額又はその算定方法
	D 上記Cの金銭の割当てに関する事項
(v)	取得日
(vi)	株式売渡対価(改正会社則33条の5第2項)(及び新株予約権売渡対価〔同3項〕)の支払のための資金を確保する方法
(vii)	株式等売渡請求に係る取引条件を定めるときは、その取引条件[3]

社債の全部も売り渡すよう請求しなければならない(改正法179条3項)。

(2) 株式等売渡請求制度の手続

① 株式等売渡請求の方法と対象会社の承認

株式等売渡請求を行うためには、特別支配株主が、(i)**図表 2-2** 記載の事項を定めた上で(改正法179条の2第1項、改正会社則33条の5)、(ii)**図表 2-2** 記載の事項及び株式等売渡請求をする旨を対象会社に通知し(改正法179条の3第1項)、(iii)対象会社からその承認を受ける必要がある(改正法179条の3第1項)。

対象会社が取締役会設置会社である場合には、この承認をするか否かの決定は、取締役会の決議によらなければならない(改正法179条の3第3項)。

---

[3] 「取引条件」については、典型的には「支払期限」が想定されているが、「株式等売渡請求の売買取引としての性質を踏まえた合理的な解釈に委ねることが適切」とされており(平成27年省令パブコメ結果6頁)、「支払期限」以外にも、今後の実務において各種取引条件が設定される可能性がある。

対象会社の取締役（対象会社が取締役会設置会社である場合には，取締役会）は，株式等売渡請求をすることについて承認をする際には，売渡株主の利益に配慮し，キャッシュ・アウトの条件が適正なものといえるかどうかを検討すべきであると考えられる，との指摘がなされている（中間試案補足説明第2部第3の13）。
　なお，対象会社は，新株予約権売渡請求が行われる場合に，株式売渡請求は承認せず新株予約権売渡請求のみを承認するということはできない（改正法179条の3第2項）。反対に，株式売渡請求のみを承認して新株予約権売渡請求は承認しないという取扱いをすることは可能である。
　また，対象会社は，株式等売渡請求の承認をするか否かの決定をしたときは，特別支配株主に対し，当該決定の内容を通知しなければならないこととされている（改正法179条の3第4項）。

> **point 実務のポイント──承認に関する取締役の行動規範**
>
> 　対象会社の取締役は，特別支配株主からの株式等売渡請求を承認するか否かの判断においては，対象会社に対して善管注意義務を負っているため，当該売渡請求によって経営の効率化を向上させることができるなど，企業価値を向上させる売渡請求だけを承認する義務を負っていると解されている[4]。
> 　また，上記のとおり，対象会社の取締役は，承認するか否かの判断においては，売渡株主の利益に配慮し，キャッシュ・アウトの条件が適正なものといえるかどうかを検討すべきとの指摘もなされており，具体的には，対象会社の取締役は，キャッシュ・アウトされる少数株主のために価格の適正を確保する義務を負うとの議論も見受けられる[5]。
> 　加えて，対象会社の取締役は，売渡株主等の利益に配慮し，特別支配株主による対価の交付の見込み（資金の準備状況等）を確認すべきであり，その

---

4) 前田雅弘ほか「〔座談会〕『会社法制の見直しに関する要綱』の考え方と今後の実務対応」別冊商事法務編集部編『会社法制の見直しに関する要綱の概要』別冊商事法務372号（2012）105頁〔前田発言〕。
5) 前田ほか・前掲注4）105～106頁〔前田発言〕，会社法制部会第18回会議議事録22頁〔藤田幹事発言〕。

ような確認を怠った場合や，対価の交付の見込みがないことを知りつつあえて売渡請求を承認した場合等には，任務懈怠責任を負うとの見解も示されている[6]。

② 通知・公告

対象会社は，株式等売渡請求の承認をしたときは，売渡株主及び売渡新株予約権者（以下「売渡株主等」という）に対して，取得日の20日前までに，以下の事項を通知しなければならない（改正法179条の4第1項1号，改正会社則33条の6，33条の5第1項2号）[7]。

(i)	当該承認をした旨
(ii)	特別支配株主の氏名又は名称及び住所
(iii)	179条の2第1項第1号から第5号までに掲げる事項（図表2-2の(i)～(v)）
(iv)	株式等売渡請求に係る取引条件を定めるときは，その取引条件

また，売渡株式の登録株式質権者及び売渡新株予約権の登録新株予約権質権者に対しては，当該承認をした旨を通知しなければならない（改正法179条の4第1項2号）。

このうち売渡新株予約権者並びに登録株式質権者及び登録新株予約権質権者に対する通知は，公告をもってこれに代えることができるが，売渡株主に対する通知については，会社法上は，公告による代替は認められていない（同条2項）。ただし，振替株式を有する売渡株主及びその登録株式質権者に対する通知については，むしろ公告による代替が強制される（改正社振法161条2項）。

なお，平成26年改正において，振替株式発行会社が発行している株式のうち

---

6) 会社法制部会第18回会議議事録19～21頁［内田関係官発言］。
7) 特別支配株主が株式等売渡請求を行う際に定め，対象会社に通知すべき事項のうち，「株式売渡対価（及び新株予約権売渡対価）の支払のための資金を確保する方法」については通知・公告の内容には含まれていない。これは，ある程度多くの分量となることが想定され，個別通知に必ずしも適さない面があること，及び，売買取引の内容及び条件を成すものではなく，必ずしも売渡株主等に通知しなければならないものではないと考えられることから，売渡株主等に対する通知又は公告の内容には含まれなかったとされている（平成27年省令パブコメ結果5頁）。

振替株式でないもの（例えば，上場会社が発行する非上場の優先株式等）を有する株主及びその登録株式質権者に対する通知については，社債等振替法161条2項は適用されない点が明確化されており，これらの株式を有する売渡株主に対しては，会社法の原則どおり，通知を要する（この場合も，当該株式の登録株式質権者に対しては通知又は公告のいずれも可能である）点には留意が必要である（改正社振法161条2項参照）。

以上の通知又は公告をしたことをもって，特別支配株主から売渡株主等に対して株式等売渡請求が行われたものとみなされる。

③　事前備置手続・事後備置手続

対象会社は，株式等売渡請求に関する事項を記載又は記録した書面又は電磁的記録の備置手続を行う必要がある（事前備置手続。改正法179条の5，改正会社則33条の7）。同手続の概要は**図表2-3**のとおりである。

また，対象会社は，取得日後遅滞なく，以下の事項を記載又は記録した書面又は電磁的記録の備置手続を行う必要がある（事後備置手続。改正法179条の10，改正会社則33条の8）。

(i)	特別支配株主が売渡株式等の全部を取得した日
(ii)	改正法179条の7第1項又は第2項の規定による請求に係る手続の経過
(iii)	改正法179条の8の規定による手続の経過
(iv)	株式売渡請求により特別支配株主が取得した売渡株式の数（対象会社が種類株式発行会社であるときは，売渡株式の種類及び種類ごとの数）
(v)	新株予約権売渡請求により特別支配株主が取得した売渡新株予約権の数
(vi)	上記(v)の売渡新株予約権が新株予約権付社債に付されたものである場合には，当該新株予約権付社債についての各社債（特別支配株主が新株予約権売渡請求により取得したものに限る。）の金額の合計額
(vii)	上記(i)〜(vi)に掲げるもののほか，株式等売渡請求に係る売渡株式等の取得に関する重要な事項

備置期間は，取得日から6か月間とされているが，対象会社が公開会社でない場合にあっては，取得日から1年間に伸長される。

図表 2-3

備置期間開始日	上記②記載の通知の日又は公告の日のいずれか早い日
備置期間満了日	取得日後 6 か月を経過する日（対象会社が公開会社ではない場合は取得日後 1 年を経過する日）
記載又は記録すべき事項	(i) 特別支配株主の氏名又は名称及び住所
	(ii) 179 条の 2 第 1 項各号に掲げる事項（図表 2-2 の(i)～(vi)）
	(iii) 179 条の 3 第 1 項の承認をした旨
	(iv) 次に掲げる事項その他の改正法 179 条の 2 第 1 項 2 号及び 3 号（並びに 4 号ロ及びハ）に掲げる事項についての定めの相当性に関する事項（当該相当性に関する対象会社の取締役〔取締役会設置会社にあっては，取締役会〕の判断及びその理由を含む） ① 株式売渡対価の総額（及び新株予約権売渡対価の総額）の相当性に関する事項 ② 改正法 179 条の 3 第 1 項の承認に当たり売渡株主等の利益を害さないように留意した事項（当該事項がない場合にあっては，その旨）
	(v) 株式売渡対価（及び新株予約権売渡対価）の支払のための資金を確保する方法の定めの相当性その他の株式売渡対価（及び新株予約権売渡対価）の交付の見込みに関する事項（当該見込みに関する対象会社の取締役〔取締役会設置会社にあっては，取締役会〕の判断及びその理由を含む）
	(vi) 株式等売渡請求に係る取引条件の定めがあるときは，当該定めの相当性に関する事項（当該相当性に関する対象会社の取締役〔取締役会設置会社にあっては，取締役会〕の判断及びその理由を含む）
	(vii) 対象会社において最終事業年度の末日（最終事業年度がないときは，対象会社の成立の日）後に生じた重要な財産の処分，重大な債務の負担その他の会社財産の状況に重要な影響を与える事象の内容（対象会社において最終事業年度がないときは，対象会社の成立の日における貸借対照表）
	(viii) 備置開始日後特別支配株主が売渡株式等の全部を取得する日までの間に，上記(iv)～(vii)に掲げる事項に変更が生じたときは，変更後の当該事項
閲覧・謄写等の請求権者	売渡株主等

④ 売渡株式等の取得・撤回

　株式等売渡請求がされた場合，これによる売渡株式等の取得は，取得日に一括してその効力を生ずることとされている（改正法 179 条の 9 第 1 項）。売渡株式等

に譲渡制限が付されている場合は，譲渡承認の決定がされたものとみなされる（同条2項）。

株式等売渡請求をした特別支配株主は，取得日の前日までに対象会社の承諾（取締役会設置会社の場合は取締役会決議による）を得た場合に限り，株式等売渡請求を撤回することができる。かかる場合，対象会社は，特別支配株主の費用負担により，売渡株主等に対して通知又は公告を行う必要があり，かかる通知又は公告をしたことをもって，株式等売渡請求は，売渡株式等の全部について撤回されたものとみなされる（改正法179条の6）。

なお，振替株式を有する売渡株主に対する通知については，むしろ公告による代替が強制される（改正社振法161条2項）。

> **point 実務のポイント──撤回の承諾に関する取締役の行動規範**
>
> 　対象会社の取締役は，特別支配株主からの株式等売渡請求の撤回を承諾するか否かの判断においても，売渡株主等の利益に配慮し，株主等の利益になる場合にしか撤回を承諾してはならないとの議論がなされている。
> 　具体的には，元々一方的に売渡請求をされていたものがなくなるだけであるから，撤回を認めたとしても売渡株主等は損害を被らないと考えるのではなく，売渡請求により支払を受けることとなっていた価格（おそらく市場価格より高い価格）での売却が実現しなかったこと自体を売渡株主等にとっての不利益と見るべきであり，例えば，特別支配株主が対価を支払えない事情が後で発生した場合のような限られた場合以外には，撤回は承諾してはならないのが原則であるとの議論がなされている（会社法制部会第18回会議議事録22頁［藤田幹事発言］）。

⑤　その他の手続

以上のほか，対象会社が以下に該当する場合には，別途以下に記載した手続が必要となる。いずれもスケジュールに影響を及ぼすおそれがあることから，留意

が必要である。

(a) 対象会社が株券発行会社・新株予約権証券発行会社の場合

対象会社が株式等売渡請求を承認する場合において，対象会社が株券発行会社・新株予約権証券発行会社の場合は，取得日の1か月前までに，株主及びその登録株式質権者，新株予約権者及びその登録新株予約権質権者に対し，対象会社への株券・新株予約権証券の提出に係る公告及び通知を行う必要がある（改正法219条1項4号の2・293条1項1号）。特別支配株主は，株券・新株予約権証券の提出があるまでの間は，売渡株式等の対価の交付を拒むことができる（改正法219条2項2号・293条2項1号）。

(b) 対象会社が種類株式発行会社の場合

対象会社が種類株式発行会社の場合に，株式等売渡請求の承認を行う場合，ある種類の株式の種類株主に損害を及ぼすおそれがあるときは，当該種類の株式の種類株主を構成員とする種類株主総会の決議を受ける必要があり，かかる決議がない場合は，上記承認は効力を生じないものとされている（改正法322条1項1号の2）。

(3) 売渡株主等の救済方法

① 概要

キャッシュ・アウトにおいては，他の株主の同意を得ることなく当該株主の有する株式を強制的に取得するという側面があることから，その性質上，キャッシュ・アウト手続全体の公正さを担保する制度が必要とされる。新たに創設された株式等売渡請求制度における売渡株主等の救済方法としては，①売渡株主等による売渡株式等の取得をやめることの請求（差止請求），②売買価格の決定の申立て，③売渡株式等の取得の無効の訴えが定められている。

② 売渡株主等による売渡株式等の取得をやめることの請求（差止請求）

売渡株主等による売渡株式等の取得の差止請求は，請求権者毎に，以下の場合に認められる（改正法179条の7）。いずれの場合も，株式等売渡請求に係る売渡

株式等の全部の取得を差し止めることとなる。

(a) 請求権者が売渡株主の場合

以下に掲げる場合において，売渡株主が不利益を受けるおそれがあるとき

(i)	株式売渡請求が法令に違反する場合
(ii)	対象会社が売渡株主に対する通知に関する規定（改正法179条の4第1項1号）又は事前備置手続に関する規定（改正法179条の5）に違反した場合
(iii)	売渡株主に対価として交付する金銭の額若しくはその算定方法，又はその割当てに関する事項が対象会社の財産の状況その他の事情に照らして著しく不当である場合

(b) 請求権者が売渡新株予約権者の場合

以下に掲げる場合において，売渡新株予約権者が不利益を受けるおそれがあるとき

(i)	新株予約権売渡請求が法令に違反する場合
(ii)	対象会社が売渡新株予約権者に対する通知に関する規定（改正法179条の4第1項1号）又は事前備置手続に関する規定（改正法179条の5）に違反した場合
(iii)	売渡新株予約権者に対価として交付する金銭の額若しくはその算定方法，又はその割当てに関する事項が対象会社の財産の状況その他の事情に照らして著しく不当である場合

上記のとおり，売渡株主は株式売渡請求に関する事由のみを理由として，また，売渡新株予約権者は新株予約権売渡請求に関する事由のみを理由として，それぞれ差止請求をすることができることとされている。したがって，売渡株主が売渡新株予約権に対する通知の漏れを理由に差止請求をすることや，売渡新株予約権が売渡株式の対価の不当性を理由に差止請求をすることはできない。これに対し，差止請求の効果は常に全体に及ぶものとされており，売渡株主及び売渡新株予約権者のいずれも，株式等売渡請求に係る売渡株式等の全部の取得の差止めを請求することとなる。

> **point 実務のポイント──売渡株主等による差止請求への実務上の対応**
>
> 　差止請求については，場合によっては，取得日までの短期間（通知・公告から取得日までの20日間）において判断されることが想定されるところ（実際には，当該差止請求訴訟を本案とする仮処分〔民保23条2項〕の場で争われる

ことが想定される），特に，対価が対象会社の財産の状況その他の事情に照らして著しく不当である場合を差止事由として主張する場合には，実質的には売買価格の決定の申立てにおける主張・立証活動と同等の訴訟活動が行われることが想定され，実務的には極めて迅速な対応，判断を求められることが予想される。

③ 裁判所に対する売買価格の決定の申立て

売渡株主等は，取得日の20日前の日から取得日の前日までの間に，裁判所に対し，その有する売渡株式等の売買価格の決定の申立てをすることができる（改正法179条の8第1項）。

裁判所による売買価格の決定は，全部取得条項付種類株式の取得によるキャッシュ・アウトの場合における価格決定と同様の考え方によって行われることが想定されるが，株式等売渡請求は，全部取得条項付種類株式の取得と異なり，特別支配株主と売渡株主等との間に直接の権利関係を生じさせるものであるから，裁判所が決定した売渡株式等の売買価格の支払義務は，特別支配株主が負うこととなる。

特別支配株主は，取得日後の年6分の利率により算定した利息の支払義務も負うこととなるが（改正法179条の8第2項），裁判所による価格の決定があるまでは特別支配株主が公正な売買価格と認める額を支払うことができる制度が設けられた（同条3項）。

④ 売渡株式等の取得の無効の訴え

以下のとおり，売渡株式等の取得の無効の訴え（改正法846条の2以下）が定められた。法的安定性の確保の観点から，売渡株式等の取得の無効は，かかる無効の訴えをもってのみ主張することができるものとされている。

提訴権者	(i) 取得日において売渡株主又は売渡新株予約権者であった者
	(ii) 取得日において対象会社の取締役，監査役又は執行役であった者
	(iii) 対象会社の取締役又は清算人

第2章 M&Aに関連する改正

提訴期間	取得日から6か月以内（対象会社が公開会社でない場合は取得日から1年以内）
被告	特別支配株主
管轄	対象会社の本店所在地を管轄する地方裁判所

　売渡株式等の取得の無効事由は，新株発行や組織再編の無効の訴えと同様，会社法上は明確に定められておらず，解釈に委ねられている。ただし，売渡株式等の取得の無効の訴えにおいては，法的安定性の確保等の要請が比較的小さいと考えられることから，新株発行の無効の訴えや組織再編の無効の訴えと比べて，無効事由を広く解する余地があるとの指摘もある[8]。

　請求認容の確定判決は，対世効を有するものとされる（改正法846条の7）。また，請求認容の確定判決により，売渡株式等の全部の取得は，将来に向かって効力を失うものとされている（将来効。改正法846条の8）。

> **point　改正の背景の議論──売渡株式等の取得の無効事由**
>
> 　少数株主の事後的救済としては，株式等売渡請求による売渡株式の取得について無効の訴えを提起することができる。この場合，対価の額が著しく不当であることが無効事由となるかどうかが問題となり得る。全部取得条項付種類株式の取得及び株式の併合においては，キャッシュ・アウトの対価が著しく低いことは株主総会決議の取消事由（特別の利害関係を有する者が議決権を行使したことによる著しく不当な決議）に該当し得ることから，キャッシュ・アウトの効力を争う余地があり，このこととの均衡から，株式等売渡請求の無効事由に該当する余地があるとする見解もある[9]。
>
> 　また，対価の額が著しく不当であることは，売渡株式の取得の差止事由でもあるが，時間的配慮から，差止仮処分申請は保全の必要性を欠くとして却下し，無効の訴えの対象とする方が適切なケースがあるとの指摘もある[10]。

---

8) 会社法制部会第18回会議議事録18頁以下［藤田幹事発言，内田関係官発言］。
9) 会社法制部会第18回会議議事録18頁以下［藤田幹事発言］。
10) 江頭〔第5版〕281頁。

3. 全部取得条項付種類株式の取得

> **point 改正のポイント**
> ①全部取得条項付種類株式の取得手続に関して，株主に対する通知・公告及び事前備置手続・事後備置手続を整備。
> ②価格決定の申立制度について，(a)申立期間の変更（取得日の20日前の日から取得日の前日まで），(b)申立てをした株主への取得対価の不交付，(c)価格決定前の支払制度の創設等の改正。
> ③株主の差止請求制度の創設（全部取得条項付種類株式の取得が法令又は定款に違反する場合で，株主が不利益を受けるおそれがあるとき）。

(1) 全部取得条項付種類株式の取得手続

① 概要（図表2-4）

　改正前会社法の下でも行われている全部取得条項付種類株式の取得によりキャッシュ・アウトを行う場合の具体的な手続としては，当該株式会社（以下，3．において「対象会社」という）において，(i)普通株式以外の種類の株式を発行する旨の規定を設ける定款一部変更，(ii)普通株式に全部取得条項を付す旨の定款一部変更，(iii)全部取得条項付種類株式の取得について，1回の株主総会でまとめて決議を受けることが通常である。また，上記(ii)については，普通株主による種類株主総会の特別決議も必要となるが（会社法111条2項1号・324条2項1号），かかる種類株主総会も，通常の株主総会と併せて同日に行われることが通常である。

　取得対価は，普通株式以外の種類の株式（通常は，上記(i)の定款一部変更にて追加された種類株式）とされるのが通常であり，各少数株主に交付される当該種類の株式が全て1株未満の端数となるように設定される。そして，そのような端数の処理（典型的には，端数の合計数を，裁判所の許可を得て買収者に売却する）により得られた代金が，持株数に応じた按分で株主に交付されることになる（会社法234条）。

図表 2-4　全部取得条項付種類株式の利用

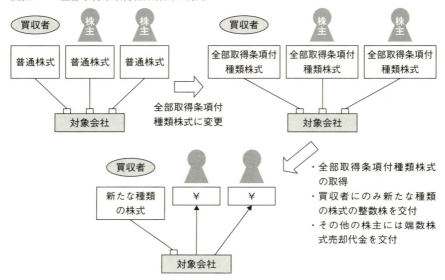

　各株主に交付される当該種類の株式の端数の合計数が1株以上とならないと，そのような端数は切り捨てられ（同条1項），少数株主に金銭を交付することができなくなってしまうため，キャッシュ・アウトの手続全体の公正さに疑義が生じ得る点に留意が必要である。

　なお，全部取得条項付種類株式の取得による場合，新たに創設された株式等買取請求制度と異なり，新株予約権をキャッシュ・アウトの対象に含めることはできないため，新株予約権については，別途，先行する公開買付けに応募してもらう，新株予約権者に任意放棄してもらうといった，新株予約権者の協力が必要となる。

② 全部取得条項付種類株式の取得手続に関する主な改正点
(a) 通知・公告
　全部取得条項付種類株式を取得する対象会社は，取得日の20日前までに株主に対して通知又は公告を行うことが必要となった（改正法172条2項・3項）。な

お，全部取得条項付種類株式が振替株式である場合は，公告によらなければならない（改正社振法161条2項）。

(b) 事前備置手続・事後備置手続

組織再編と同様，対象会社は，全部取得条項付種類株式の取得に関する事項を記載又は記録した書面又は電磁的記録の備置手続を行う必要があるものとされた（事前備置手続。改正法171条の2，改正会社則33条の2）。同手続の概要は**図表2-5**のとおりである。

また，対象会社は，取得日後遅滞なく，以下の事項を記載又は記録した書面又は電磁的記録の備置手続を行う必要がある（事後備置手続。改正法173条の2，改正会社則33条の3）。

(i)	株式会社が全部取得条項付種類株式の全部を取得した日
(ii)	改正法171条の3の規定による請求に係る手続の経過
(iii)	改正法172条の規定による手続の経過
(iv)	株式会社が取得した全部取得条項付種類株式の数
(v)	上記(i)〜(iv)に掲げるもののほか，全部取得条項付種類株式の取得に関する重要な事項

備置期間は，取得日から6か月間である。

(2) **少数株主の救済方法**

① 株式買取請求

普通株式に全部取得条項を付す旨の定款一部変更を行う場合，反対株主（会社法116条2項）は，株式買取請求権を行使することができる（会社法116条1項）。平成26年改正以前は，かかる株式買取請求による株式の買取りの効力は，代金支払時に生ずるものとされていたところ（旧法117条5項），通常の日程では，買取りの効力が生ずる前に全部取得条項付種類株式の取得日が到来することが通常であった。そして，この場合，株主は，株式買取請求に係る株式を失った以上，買取価格決定の申立ての適格を失うこととなると解されるため（最決平成24・3・28民集66巻5号2344頁），実際には，キャッシュ・アウトの事案において株主が株式買取請求を選択する実質的な意義はないものと解されていた。

これに対して，平成26年改正により，上記の株式買取請求による株式の買取

図表 2-5

備置期間開始日	以下の日のいずれか早い日 ・全部取得条項付種類株式の取得に関する株主総会決議の日の2週間前の日（書面決議による場合は提案日） ・取得日の20日前までの通知の日又は公告の日のいずれか早い日
備置期間満了日	取得日後6か月を経過する日
記載又は記録すべき事項	(i) 会社法171条1項各号に掲げる事項 (ii) 取得対価の相当性に関する事項（次に掲げる事項その他の改正法171条1項1号及び2号に掲げる事項についての定め〔当該定めがない場合にあっては，当該定めがないこと〕の相当性に関する事項） 　① 取得対価の総数又は総額の相当性に関する事項 　② 取得対価として当該種類の財産を選択した理由 　③ 全部取得条項付種類株式を取得する株式会社に親会社等がある場合には，当該株式会社の株主（当該親会社等を除く。）の利益を害さないように留意した事項（当該事項がない場合にあっては，その旨） 　④ 改正法234条の規定により1に満たない端数の処理をすることが見込まれる場合における当該処理の方法に関する事項，当該処理により株主に交付することが見込まれる金銭の額及び当該額の相当性に関する事項 (iii) 取得対価について参考となるべき事項（具体的には改正会社則33条の2第3項各号参照） (iv) 計算書類等に関する事項（全部取得条項付種類株式を取得する株式会社において最終事業年度の末日〔最終事業年度がないときは，同社の成立の日〕後に生じた重要な財産の処分，重大な債務の負担その他の会社財産の状況に重要な影響を与える事象の内容，同社において最終事業年度がないときは，同社の成立の日における貸借対照表） (v) 備置開始日後株式会社が全部取得条項付種類株式の全部を取得する日までの間に，上記(ii)〜(iv)に掲げる事項に変更が生じたときは，変更後の当該事項
閲覧・謄写等の請求権者	対象会社の株主

りの効力は，普通株式に全部取得条項を付す旨の定款一部変更の効力発生日に生ずるものと改められた（改正法117条6項）。これにより，キャッシュ・アウトの事案においても，株主が株式買取請求を選択する余地が生じたものと考えられる。

なお，普通株式に全部取得条項を付す定款一部変更を行う場合，対象会社は，株式買取請求手続との関係で，当該定款一部変更の効力発生日の20日前までに，

普通株式の株主に対し通知又は公告を行うことが必要であるが（会社法116条3項・4項），普通株式が振替株式である場合は，(i)当該手続は，公告によらなければならない（改正社振法161条2項）ほか，(ii)対象会社は，株式買取請求に係る振替株式の振替を行うための口座（買取口座）の開設を行った上，上記公告において，当該買取口座をも公告しなければならないこととされた点にも留意が必要である（改正社振法155条1項・2項）。

② 取得価格決定申立て

全部取得条項付種類株式の取得を行う場合，一定の株主は，取得価格決定申立て（会社法172条）を選択することもできる。一定の株主とは，株主総会決議に先立って反対の通知を行った上で反対の議決権行使を行った株主（会社法172条1項1号）のほか，株主総会において議決権を行使することができない株主（同項2号）である。

改正前会社法では株主総会の日から20日以内とされている申立期間が，平成26年改正では，取得日の20日前の日から取得日の前日までに改められた（改正法172条1項）。また，申立てをした株主には取得対価が交付されない旨の明文規定が置かれた（改正法173条2項）。さらに，裁判所による価格決定前の支払制度（同条5項）が設けられた。

> **point 実務のポイント——平成26年改正後の端数処理における留意点**
>
> 平成26年改正により，株式買取請求による株式の買取りの効力は，普通株式に全部取得条項を付す旨の定款一部変更の効力発生日において生じることとなった（改正法117条6項）。
>
> また，同改正により，取得価格決定申立てをした株主には取得対価が交付されない旨の明文規定が置かれた（改正法173条2項）。
>
> したがって，株式買取請求又は取得価格決定申立てを行った株主の有する株式については，端数処理の対象に含まれないことになるため，処理される

> 端数の合計数が1株に満たない（その結果，実質的にキャッシュ・アウトの対価が交付されない）結果とならないよう留意する必要がある。

③　差止請求

　平成26年改正により，全部取得条項付種類株式の取得が法令又は定款に違反する場合において，株主が不利益を受けるおそれがあるときは，株主に差止請求が認められた（改正法171条の3）。したがって，事前備置書類における記載事項（改正法171条の2）に虚偽があるなど，法令違反がある場合には，キャッシュ・アウトに係る全部取得条項付種類株式の取得の差止事由となる。

　他方で，「法令……に違反」に，取締役の善管注意義務は含まないと解されるため[11]，キャッシュ・アウトの対価が不公正であることは，直ちに差止事由には当たらないものと思われる。もっとも，下記④のとおり，キャッシュ・アウトの対価が著しく低いことは，株主総会決議の取消事由（特別の利害関係を有する者が議決権を行使したことによる著しく不当な決議）には該当し得ることから，かかる取消請求権を被保全権利とする仮の地位を定める仮処分（民保23条2項）として，全部取得条項付種類株式の取得又は株式の併合の差止仮処分を申し立てることも考えられる（ただし，キャッシュ・アウトにより株式を失う少数株主は，株主総会決議取消しの訴えの原告適格を失わないため〔改正法831条1項〕，保全の必要性が認められないと判断される余地もあろう〔東京地決平成25・7・17ジュリ1459号2頁以下参照〕）。

④　株主総会決議の取消しの訴え

　少数株主が事後的にキャッシュ・アウトの効力を争う方法として，全部取得条項付種類株式の取得に係る株主総会決議の取消しの訴えを提起することが考えられる。

　平成26年改正により，決議の取消しにより株主となる者が原告適格を有する

11）岩原紳作「『会社法制の見直しに関する要綱案』の解説（V）」商事法務1979号（2012）9頁。

ことが明文化されており（改正法831条1項），キャッシュ・アウトされる株主はこれに該当することから，原告適格は認められる。

また，改正法831条1項3号の要件を満たすかどうかが問題となるが，通常，キャッシュ・アウトを行おうとする株主は「特別の利害関係を有する者」に該当すると考えられる。なお，キャッシュ・アウトの対価として交付される金銭の額が対象会社株式の公正な価格に比して著しく低いことは，「著しく不当な決議」として取消しの原因となり得ると考えられる[12]。

4．株式の併合

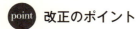 **改正のポイント**

①株主等に対する通知・公告及び事前備置手続・事後備置手続を整備。
②少数株主の救済方法として，差止請求及び株式買取請求権を創設。

(1) 概要

改正前会社法においては，株式の併合の端数処理によるキャッシュ・アウトについては，少数株主が対価を争う余地がないこと等から，キャッシュ・アウト手続全体の公正さを担保できないとして，キャッシュ・アウトの方法としては広く利用されることはなかった。

しかし，改正会社法においては，株式の併合により端数が生ずる場合には，反対株主に自己の有する株式のうち端数となるものの全部を公正な価格で買い取ることを請求できる旨の株式買取請求権を認めることとされた（改正法182条の4第1項）。これにより，株式の併合がキャッシュ・アウトの方法として利用される場合には，少数株主は，株式の併合に反対した上で，株式買取請求を行うことで対価の額を争うことができるようになったため，上記のような問題は解消されたといえる。

なお，新株予約権や新株予約権付社債をキャッシュ・アウトの対象に含めるこ

---

[12] 東京地判平成22・9・6判タ1334号117頁。

とはできないという点は，全部取得条項付種類株式の取得による場合と同様である。

(2) 手続
① 株主総会決議

株式の併合によりキャッシュ・アウトを行う場合の具体的な手続としては，まず，当該株式会社（以下，4.において「対象会社」という）において，各少数株主の有する株式が全て1株未満の端数となるような併合割合による株式の併合に係る株主総会決議（会社法180条2項）を行うこととなる。

かかる株式の併合に伴う端数の処理については，全部取得条項付種類株式の取得による場合と同様であり，各株主の有する端数の合計数が1株以上となるように併合割合が設定される必要がある。ただし，株式の併合の場合には，株式買取請求がなされた株式も株式の併合の効力が及び[13]，端数の合計数に算入されることになる点で，上記の全部取得条項付種類株式の取得の場合とは異なる。したがって，株式買取請求を行う株主が多数想定される場合であっても，それが原因で事前の試算結果と異なって端数の合計数が1株に満たない結果となるおそれはない。

なお，平成26年改正により，株式の併合に関する株主総会決議事項として，効力発生日における発行可能株式総数が追加された（改正法180条2項4号）。当該発行可能株式総数は，効力発生日における発行済株式総数の4倍を超えることはできないとされている（公開会社でない場合は除く）（改正法180条3項）。

② 通知・公告

株式の併合については，通常，効力発生日の2週間前までに株主（種類株式発行会社の場合は，併合する株式の種類の種類株主）及びその登録株式質権者に対す

---

[13] 株式買取請求による株式の買取りは，株式の併合の効力発生日にその効力を生ずるものとされている（改正法182条の5第6項）が，厳密には，買取りが株式の併合に先立ちその直前に効力を生ずると解されるため，対象会社の自己株式として株式の併合の対象になる。

る通知又は公告を要する（会社法181条）。

　ただし，(i)単元株制度を導入していない株式会社全て，及び，(ii)単元株制度（種類株式発行会社の場合は，株式の併合を行う種類株式についての単元株制度）を導入している株式会社のうち，当該単元株式数に併合割合を乗じて得た数に端数が生じる場合（改正法182条の2第1項）については，かかる通知又は公告の期限は，効力発生日の20日前と読み替えられることとされた（改正法182条の4第3項）。

　なお，当該株式が振替株式の場合は，公告によらなければならない（改正社振法161条2項）。

③　事前備置手続・事後備置手続

　平成26年改正により，株式の併合においても，対象会社は株式の併合に関する事項を記載又は記録した書面又は電磁的記録の備置手続を行う必要があるものとされた（事前備置手続。改正法182条の2，改正会社則33条の9）。

　当該事前備置手続は，(i)単元株制度を導入していない株式会社全て，及び，(ii)単元株制度（種類株式発行会社の場合は，株式の併合を行う種類株式についての単元株制度）を導入している株式会社のうち，当該単元株式数に併合割合を乗じて得た数に端数が生じる場合（改正法182条の2第1項）において必要となる。

　事前備置手続の概要は**図表2-6**のとおりである。

　また，対象会社は，効力発生日後遅滞なく，以下の事項を記載又は記録した書面又は電磁的記録の備置手続を行う必要がある（事後備置手続。改正法182条の6第1項）。

(i)	株式の併合が効力を生じた日
(ii)	改正法182条の3の規定による請求に係る手続の経過
(iii)	改正法182条の4の規定による手続の経過
(iv)	株式の併合が効力を生じた時における発行済株式（種類株式発行会社にあっては，改正法180条2項3号の種類の発行済株式）の総数
(v)	上記(i)〜(iv)に掲げるもののほか，株式の併合に関する重要な事項

　事後備置手続についても，事前備置手続と同様，(i)単元株制度を導入していない株式会社全て，及び，(ii)単元株制度（種類株式発行会社の場合は，株式の併合を

図表 2-6

備置期間開始日	以下の日のいずれか早い日 ・株式の併合に関する株主総会（種類株主総会決議が必要な場合は当該種類株主総会を含む）の日の2週間前の日（書面決議による場合は提案日） ・上記②記載の通知の日又は公告の日（改正法182条の4第3項により読み替えて適用される場合）のいずれか早い日
備置期間満了日	効力発生日後6か月を経過する日
記載又は記録すべき事項	(i) 改正法180条2項各号に掲げる事項 (ii) 次に掲げる事項その他の改正法180条2項1号及び3号に掲げる事項についての定めの相当性に関する事項 　① 株式の併合をする株式会社に親会社等がある場合には，当該株式会社の株主（当該親会社等を除く）の利益を害さないように留意した事項（当該事項がない場合にあっては，その旨） 　② 改正法235条の規定により1株に満たない端数の処理をすることが見込まれる場合における当該処理の方法に関する事項，当該処理により株主に交付することが見込まれる金銭の額及び当該額の相当性に関する事項 (iii) 株式の併合をする株式会社において最終事業年度の末日（最終事業年度がないときは，同社の成立の日）後に生じた重要な財産の処分，重大な債務の負担その他の会社財産の状況に重要な影響を与える事象の内容，同社において最終事業年度がないときは，同社の成立の日における貸借対照表 (iv) 備置開始日後株式の併合がその効力を生ずる日までの間に，上記(ii)，(iii)に掲げる事項に変更が生じたときは，変更後の当該事項
閲覧・謄写等の請求権者	対象会社の株主（種類株式発行会社の場合は，併合する株式の種類の種類株主）

行う種類株式についての単元株制度）を導入している株式会社のうち，当該単元株式数に併合割合を乗じて得た数に端数が生じる場合（改正法182条の2第1項）において必要となる。

事後備置手続の備置期間は，効力発生日から6か月間である。

(3) 少数株主の救済方法

株式の併合においては，株主総会決議の取消しの訴えによる救済の余地もあるが，平成26年改正により，株式の併合が法令又は定款に違反する場合で株主

（種類株式発行会社の場合は，併合する株式の種類の種類株主）が不利益を受けるおそれがあるときについて，株主（種類株式発行会社の場合は，併合する株式の種類の種類株主）による差止請求権が認められた（改正法182条の3）。

なお，株式の併合に対する差止請求は，(i)単元株制度を導入していない株式会社全て，及び，(ii)単元株制度（種類株式発行会社の場合は，株式の併合を行う種類株式についての単元株制度）を導入している株式会社のうち，当該単元株式数に併合割合を乗じて得た数に端数が生じる場合（改正法182条の2第1項）において認められる。

これらの制度の概要は，全部取得条項付種類株式の取得による場合と同様である（前記3.(2)③④参照）。

また，株式の併合について，反対株主（改正法182条の4第2項・181条1項）は，株式買取請求権を行使し得ることとなった（改正法182条の4）。

株式買取請求権が認められる株式の併合は，(i)単元株制度を導入していない株式会社全て，及び，(ii)単元株制度（種類株式発行会社の場合は，株式の併合を行う種類株式についての単元株制度）を導入している株式会社のうち，当該単元株式数に併合割合を乗じて得た数に端数が生じる場合（改正法182条の2第1項）である。また，このうち，株式の併合により端数が生じる場合に限られる（改正法182条の4第1項）。この場合の株式買取請求は，反対株主が有する株式のうち1株に満たない端数となるものの全部について，一括して行う必要がある（同条1項）。

なお，株式買取請求権が認められる場合，対象会社は，株式買取請求に係る振替株式の振替を行うための口座（買取口座）の開設を行った上，前記(2)②記載の公告において，当該買取口座をも公告しなければならないこととされた点にも留意が必要である（改正社振法155条1項・2項）。

第2節　親会社による子会社株式等の譲渡

 改正のポイント
一定の要件を満たす子会社株式等の譲渡について，株主総会の承認が必要になる。

1．改正の経緯

　改正前会社法では，事業の全部又は重要な一部の譲渡を行う場合には，株主総会の特別決議によって，当該行為に係る契約の承認を受けなければならないものとされていた（旧法467条1項1号2号・309条2項11号）。

　他方，改正前会社法では，親会社が子会社の株式又は持分（以下「株式等」という）を第三者に譲渡する場合，親会社の株主総会の承認を受けなければならない旨の明文の規定はなかった。そして，完全子会社の株式の譲渡は，親会社の事業の一部の譲渡には該当しないとの見解も有力であった[14][15][16]。

　しかし，親会社が子会社の株式等を第三者に譲渡する場合であっても，当該子会社の議決権の総数の過半数の保有を失い，当該子会社の事業に対する支配を失う場合には，事業譲渡と実質的に異ならない影響が親会社に及ぶことになる。とりわけ，純粋持株会社が子会社株式を譲渡する場合には，事業譲渡との類似性が一層強くなる。

　そこで，改正法では，一定の要件を満たす子会社株式等の譲渡について，親会社の株主総会の特別決議による当該譲渡に係る契約の承認が必要とされることと

---

[14] 改正前会社法下での解釈を示すものとして，江頭〔第4版〕885頁。
[15] 完全子会社の株式の譲渡は親会社の事業の一部の譲渡には該当しないとする旧商法下における裁判例として，東京地判平成4・3・13判タ805号170頁がある。
[16] 会社法制部会においては，子会社の株式の譲渡については，会社法上，解釈によって，事業譲渡に当たり得るとしても，明確性の問題があるので，明文化したほうがよいとの問題意識があった（会社法制部会第14回会議議事録13頁［塚本関係官発言］）。

なった（改正法467条1項2号の2・309条2項11号）。

2. 改正法の内容

(1) 株主総会の特別決議の対象となる株式等の譲渡

　株式会社は，その子会社の株式等の全部又は一部の譲渡をする場合であって，次のいずれにも該当するときは，当該譲渡がその効力を生ずる日（効力発生日）の前日までに，株主総会の特別決議によって，当該譲渡に係る契約の承認を受けなければならないものとされる（改正法467条1項2号の2・309条2項11号）。

①当該譲渡により譲り渡す株式又は持分の帳簿価額が当該株式会社の総資産額として法務省令で定める方法により算定される額の5分の1（これを下回る割合を定款で定めた場合にあっては，その割合）を超えるとき。
②当該株式会社が，効力発生日において当該子会社の議決権の総数の過半数の議決権を有しないとき。

　上記①の要件は，親会社による子会社株式等の譲渡に株主総会の承認を要するとの提案に対して，意思決定の迅速性を損なうとの批判がなされていたことから，このような批判に配慮して，株主総会決議を必要とする子会社株式等の譲渡を一定の重要性を有するものに限ることとしたものである。なお，この数値基準は改正前会社法において事業の重要な一部の譲渡について設けられていた軽微基準（旧法467条1項2号）と同様である[17]。

　かかる形式基準の算定に関し，分母となる「総資産額」については改正前会社

---

[17] もっとも，会社法上の事業の重要な一部の譲渡の軽微基準は，文言上「重要な一部の譲渡」の例外として規定されることから，実質基準により「重要な」一部に該当しない場合には，当該軽微基準（形式基準）を満たすか否かにかかわらず，株主総会の特別決議は不要であると解されているところ（相澤哲ほか編著『論点解説新・会社法──千問の道標』〔商事法務，2006〕140頁），子会社株式等の譲渡においては，かかる実質基準を用いておらず，形式基準のみを用いる点で異なる。

法施行規則134条と同様の定めが置かれており（改正会社則134条），算定基準日は株式譲渡契約において異なる時を定めない限り契約締結日となる。他方で，分子である「株式又は持分の帳簿価額」については，このような特段の定めが置かれない以上，その算定基準日は株式譲渡の効力発生日となろう。

上記②の過半数の議決権移転に係る要件は，当該子会社の事業に対する支配を失う場合には，事業譲渡と実質的に異ならない影響が親会社に及ぶことになるという制度趣旨を踏まえたものである。

(2) 株式買取請求等

当該株式会社が当該子会社の株式等を譲渡することに反対する当該株式会社の株主は，当該株式会社に対し，自己の有する株式を公正な価格で買い取ることを請求することができる（改正法469条）。

また，当該子会社の株式等の譲渡に関しては，略式手続に関する規定（旧法468条）の適用がある。したがって，当該株式会社の総株主の議決権の90％以上を有する株式を有する親会社に対し，当該子会社の株式等を譲渡する場合には，略式手続によることが認められる。

3. 実務上の論点等

(1) 従来の事業譲渡に関する規律との関係

子会社の株式等の譲渡に関する規律については，会社法制部会において，改正前会社法の事業譲渡に関する規定との関係で特別規定と解してよいか，中間試案補足説明等において明らかにすべきと指摘されていた[18]。

中間試案補足説明においては，上記規律の対象にならない場合であっても，別途，子会社の管理に係る事業の譲渡として，従来の事業譲渡等の規律が適用され得るとされている[19]。

---

18) 会社法制部会第14回会議議事録13頁［神田委員発言］。

改正法467条1項2号の2及び309条2項11号によれば株主総会の特別決議による承認が不要である場合であっても，別途，当該譲渡が事業の重要な全部又は一部の譲渡（同条同項1号2号）に該当する場合はあり得る点に，注意する必要がある。

(2) **議決権移転要件の判断**
(a) グループ内の株式等の譲渡

上記のとおり，上記②の過半数の議決権移転に係る要件は，当該子会社の事業に対する支配を失う場合には，事業譲渡と実質的に異ならない影響が親会社に及ぶことになるという制度趣旨を踏まえたものである。

しかし，「議決権を有しない」との文言を，当該株式会社が当該子会社の株式等を「直接」保有しないことを定めるものと解する場合には，子会社株式等を当該株式会社の別の100％子会社に譲渡する場合（当該子会社を孫会社とする場合）でも，要件を充足し得る。上記制度趣旨との関係においても，親会社であるA社が，子会社であるC社の株式等を別の子会社であるB社に譲渡して孫会社とすることによって，当該孫会社（C社）の親会社に当たる子会社（B社）が当該株式等を譲渡する場合には，B社の株主総会の特別決議は要求されるけれどもA社の株主総会の特別決議は要求されないこととなるのであるから，そのように解することも不合理とはいえないだろう[20]。

(b) 新株発行等との組合せ

株式等の譲渡と同時に，当該子会社が別途の募集株式の発行等や組織再編行為に伴う新株発行等をすることにより，当該株式会社が効力発生日において議決権の過半数を失う場合もある（**図表2-7**）。

この場合も，「効力発生日」において当該子会社の議決権の過半数を有しない

---

19) 中間試案補足説明第2部第1の21。
20) なお，改正法467条1項2号の2の文言を前提とする限り，仮に孫会社において5分の1要件を充足する会社があり，子会社（中間持株会社）において当該孫会社の株式等を譲渡する場合には，当該子会社（中間持株会社）の株主総会の特別決議は必要となるとしても，親会社の株主総会の特別決議は必要ないものと解される。

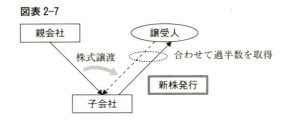

図表 2-7

との要件を充足し得ると解される。

　もっとも，あくまで本要件の判断基準日は株式譲渡の「効力発生日」であるから，株式譲渡の効力発生日後にかかる新株発行等の効力が生じる場合には，法文上，形式的には要件を充足しないことになり得る。

(3) 株主総会の承認を受ける「契約」の内容

　改正法467条1項2号の2における株主総会による承認の対象は「当該行為に係る契約」（株式譲渡契約）である。

　現在の実務では，法定記載事項が明記されている組織再編契約と異なり，株式譲渡契約では，当事者間での取引全体に関する詳細な合意内容が記載されている場合も少なくない。もっとも，このような詳細な取決めを含む株式譲渡契約を招集通知に添付する形で株主全員に開示し，株主総会による承認を求めることは，当事者にとり必ずしも好ましいことではない。そのため，株主総会の承認の対象となる「契約」の内容が問題になり得る。

　この点従前より事業譲渡等に関しては，会社及び株主に対していかなる影響・意義を有するかが基本的に判断できる程度に契約の本質的内容が決議の対象となり，対価の額等についても決定方針に承認を与えることで足りる場合もあり得るとされている[21]。子会社株式等の譲渡についても，基本的には同様に解されよう。

---

[21] 落合誠一編『会社法コンメンタール12』（商事法務，2009）47頁［齊藤真紀執筆部分］。

(4) 公開買付けに対する応募

　上場子会社株式に対して行われる公開買付けへの応募についても，当該子会社株式に係る「譲渡」であると解されるため，改正法の要件を満たす場合には，公開買付けの応募にあたって，株主総会による承認が必要になると解される[22]。

　この場合，公開買付けに対して買付予定数の上限を上回る数の応募があれば按分決済により譲渡株式数が変更されることになり，また，公開買付期間の延長等が生じれば株式譲渡の効力発生日も変更され得る。したがって，これらの場合において，再度株主総会の承認を得る必要があるかという問題が生じ得る。

　ここでも，上記(3)において述べた株主総会の承認の対象となる「契約」の内容が問題となる。

4. 適用される時期

　改正法467条1項2号の2は，改正法の施行日以降に，子会社株式等の譲渡に関する契約が締結された場合から適用される。施行日前に，この契約が締結された場合には，改正法467条1項2号の2は適用されない（改正法附則17条）。

---

[22] もっとも，公開買付けのいつの段階で，株式譲渡契約が成立するか（公開買付けの公告に対して，応募株主が応募した時点で契約が成立するか）については議論がある（池田唯一ほか『金融商品取引法セミナー（公開買付け・大量保有報告編）』〔有斐閣，2010〕188頁など参照）。

第3節　反対株主の株式買取請求等に関する改正[23]

> **point　改正のポイント**
> ① 株式買取請求に係る撤回制限の実効化。
> ② 株式買取請求の効力発生時点の統一。
> ③ 買取価格決定前の支払制度の創設。
> ④ 簡易組織再編，略式組織再編等における株式買取請求権の廃止。

1．株式買取請求に係る撤回制限の実効化

(1)　改正の趣旨

　改正前会社法においては，事業譲渡等・組織再編（以下「組織再編等」という）に際し，株式買取請求を行った反対株主は，請求後一定期間（効力発生日から30日以内に株式の価格の決定について協議が整わない場合で買取価格の決定の申立てがなされない場合に組織再編等の効力発生日から60日）を経過しなければ（会社法470条3項・786条3項・798条3項・807条3項），また買取価格の決定に関する裁判手続が係属する場合には，買取請求の相手方である組織再編等の当事会社の承諾を得た場合（旧469条6項・785条6項・797条6項・806条6項）でなければ，株式買取請求を撤回することができないこととされていた。これは，株式買取請求によって支払われる一定の金額（買取対価）を確保した上でいつでも売却することが可能であれば，株式買取請求をした反対株主に一定のオプションを与えていることと同義であり，その結果株式買取請求制度を利用した投機的行動（株価の動向次第で株式売却の選択を行う）を許容することとなり，株式買取請求制度の趣

---

[23] 株式買取請求制度に関する改正内容には，定款変更，株式の併合等，組織再編以外の場合における株式買取請求においても共通するものも含まれるが，本節においては組織再編等における株式買取請求制度について解説するものとする。

旨に反し，また他の株主との間の公平性も害することから，株式買取請求の撤回に制限を設けていたものである。

　もっとも，改正前会社法下においては，反対株主は，組織再編等の当事会社の承諾が得られない等，本来，株式買取請求の撤回ができない局面であっても，実際には，買取対象の振替株式が反対株主名義の振替口座に残されていたり，買取請求対象の株式に係る株券が反対株主のもとに残されたままであったこと等から，買取対象の株式を市場や相対で売却することが事実上可能であり，これにより，撤回と同様の効果を得ることが可能（買取対象の株式が第三者に売却されることにより，事実上買取請求は無意味に帰することから，上記オプションを付与している結果と同義になる）との指摘があった。

　そこで，今般の改正においては，①買取対象となった振替株式については，反対株主に振替株式の発行者が開設した株式買取請求に係る振替株式の振替を行うための口座（以下「買取口座」という）への振替申請を強制し，②買取対象となった株式について株券が発行されている場合には，反対株主に株券の提出を強制し，③買取対象となった株式が振替株式でなく，かつ株券不発行である場合には，当該買取対象となった株式について譲受人による株主名簿の書替請求を禁じることにより，それぞれ，市場等における売却可能性を制限し，株式買取請求の撤回制限の実効化が図られた。

(2)　買取口座の創設

　会社法の一部を改正する法律の施行に伴う関係法律の整備等に関する法律（以下「整備法」という）[24]において，振替株式の発行者（上場会社が想定されている）は，組織再編等をしようとする場合，既に買取口座を開設している場合等でない限り，買取口座を開設しなければならないものとされた（改正社振法155条1項）。そして，発行者は，組織再編等の公告，株式買取請求に係る公告を行う場合に，併

---

[24] 要綱においても指摘された会社法に関する制度であるが，振替株式に関する内容であるため，今般の改正においては，整備法内における社債，株式等の振替に関する法律の改正として位置付けられている。

せて，買取口座を公告しなければならないものとされた（改正社振法155条2項）。これらは振替株式の発行者の義務とされた。振替株式の発行者がこれらの義務を履行しない場合には，組織再編等について株式買取請求に関する手続を含む法定の手続が履践されないことは，当該組織再編等の無効原因を構成すると解されていることから，同様に，当該組織再編等の無効原因を構成することになるものと思われる。また，法令違反として，当該組織再編等の差止事由にも該当するものと思われる（改正法784条の2・796条の2・805条の2）。なお，買取口座が開設されない場合に行われた株式買取請求の効果等については，改正法の法文上は明らかではないが，組織再編等の当事会社による懈怠を理由に株主権の行使が否定される理由はないことから，有効として取り扱われるべきであろう[25]。

他方，反対株主は，株式買取請求をしようとするときは，対象とする振替株式について買取口座を振替先口座とする振替申請をしなければならないものとされた（改正社振法155条3項）。これにより，株式買取請求に関する交渉・紛争が継続する限りは，反対株主は株式買取請求の対象となる振替株式を処分（振替）できないことが担保された。反対株主が，上記の振替申請をせずに株式買取請求を行った場合には，当該請求は要件不充足により，その効力が生じないものと解され[26]，少なくとも組織再編等の当事会社としては，当該請求に係る株式の買取りを行った場合には，違法な資金拠出として役員責任その他の問題を生じる可能性があることから留意が必要である。

その他，買取口座の創設に伴い，発行者は組織再編等が効力を生ずる日までは買取口座に記載又は記録された振替株式（株式買取請求の対象株式に限る）について当該発行者の振替口座に振替申請できないこと，株式買取請求の撤回を承諾したときは遅滞なく当該反対株主の振替口座に振替申請をしなければならないこと等が規定された（改正社振法155条4項・5項）。

上記の改正内容を改正前と改正後とで比較の上図示すると，大要**図表2-8**のよ

---

[25] 坂本・一問一答285頁。
[26] 坂本・一問一答285頁。

図表 2-8

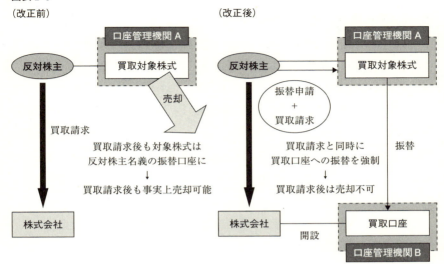

うになる。

(3) **株券の提出等**

改正法においては，反対株主は，株券が発行されている株式について株式買取請求をしようとするときは，組織再編等を行う株式会社に対して，当該株式に係る株券を提出しなければならないものとされた（改正法469条6項・785条6項・797条6項・806条6項）。かかる改正も，上記買取口座の創設の場合と同様，株式買取請求を行った反対株主による買取対象の株式の事実上の売却可能性を制限する（株式の譲渡に必要となる株券を反対株主のもとに残すのではなく提出させる）ことで，株式買取請求の撤回制限を実効化したものである。

また，株券不発行会社における株式買取請求の撤回制限を実効化する観点から，会社法133条の規定は，株式買取請求に係る株式については適用しない，すなわち買取請求の対象となる株式を譲り受けた者が，株主名簿の名義書換請求をすることができない旨も規定された（改正法469条9項・785条9項・797条9項・806条9項）。

2. 株式買取請求の効力発生時点の統一

　改正前会社法においては，事業譲渡等を行う株式会社，吸収合併存続株式会社，吸収分割承継株式会社及び株式交換完全親株式会社（以下「存続株式会社等」という），吸収分割株式会社並びに新設分割株式会社に対する株式買取請求に係る株式買取りの効力発生時点は，当該株式の代金支払の時と定められていた（旧法470条5項・786条5項括弧書・798条5項・807条5項括弧書）。他方で，吸収合併消滅株式会社又は株式交換完全子会社に対する株式買取請求に係る株式買取りの効力発生時点は，当該組織再編の効力発生日（新設会社が設立される組織再編の場合は，当該設立の日）とされている。

　上記のとおりであるから，改正前会社法のもとでは，その論理的帰結として，存続株式会社等，吸収分割株式会社及び新設分割株式会社において，株式買取請求を行った反対株主は，代金支払の時まで，当該会社の株主として，剰余金配当受領権や議決権等の株主権を保持することができることとなる。しかし他方で，当該反対株主は，株式買取請求に関して裁判所に買取価格の決定の申立てがなされた場合には，裁判所の決定した価格に対して，組織再編等の効力発生日から60日の期間満了日の後年6分の利息を受領する権利をも有することとなる（会社法470条4項・786条4項・798条4項・807条4項）。そこで，かかる利息の受領権限と剰余金配当受領権の双方が保持されることは経済的利益の二重取りであり不合理ではないかとの指摘がなされていた。

　そこで，改正法においては，存続株式会社等，吸収分割株式会社及び新設分割株式会社に対する株式買取請求の効力発生日を，吸収合併消滅株式会社又は株式交換完全子会社に対する株式買取請求と同様に，当該組織再編等の効力発生日に統一することとされた（改正法470条6項・786条6項・798条6項・807条6項）。

　存続株式会社等，吸収分割株式会社及び新設分割株式会社に対する株式買取請求の効力発生日を当該組織再編等の効力発生日に統一することにより，株式買取請求を行った反対株主が，裁判所において買取価格の決定がなされるまでの間，利息の受領権限と剰余金配当受領権（及び議決権を含むその他の株主権）の双方を

保持することはない旨が明確化されたものである。

例えば，**図表2-9**のような吸収合併の事案において，株式会社A（存続会社）及び株式会社B（消滅株式）それぞれの株主が株式買取請求を行い，いずれにおいても買取価格の決定の申立てがなされた場合を念頭に，上記の改正内容を改正前と改正後とで比較の上図示すると，大要**図表2-10**のようになる。

3. 買取価格決定前の支払制度の創設

会社法においては，株式買取請求に係る株式について，裁判所に価格決定の申立てがされた場合には，当該申立ての当事者となる会社は，裁判所の決定した価格に対する組織再編等の効力発生日から60日の期間満了後の年6分の利息を支払わなければならないものとされている（会社法470条4項・786条4項・798条4項・807条4項）。しかし，かかる法定利息の利率（年6分）は，現在の経済状況等に照らして一定程度高水準にあることから，利息目当ての買取請求を行うインセンティブとなり，ひいては株式買取請求の濫用を招く原因となっている旨の指摘がなされていた。また実務においては，利息負担の軽減のため，会社が裁判所による買取価格の決定が出される前に株式買取請求を行う反対株主に対して任意に一定金額の事前支払を試みる例も見られたところである。

そこで，改正法においては，組織再編等の当事会社における利息負担の軽減と株式買取請求の濫用防止を図る観点から，当事会社は，株式買取請求があった場合に，裁判所による買取価格の決定があるまで，反対株主に対し，自らが「公正な価格と認める額」を支払うことができるものとされた（改正法470条5項・786条5項・798条5項・807条5項）。この制度のもとでは，反対株主が会社による価格決定前の支払を受領しない場合には，当事会社は弁済供託を行うことができるものとされる[27]。

かかる制度の創設により，当事会社が利息発生日までに上記支払制度による支払を行った場合，当事会社は，裁判所により決定された買取価格が会社が公正な

---

27) 坂本・一問一答301頁。

図表 2-9

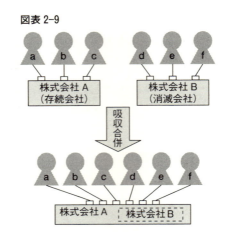

図表 2-10

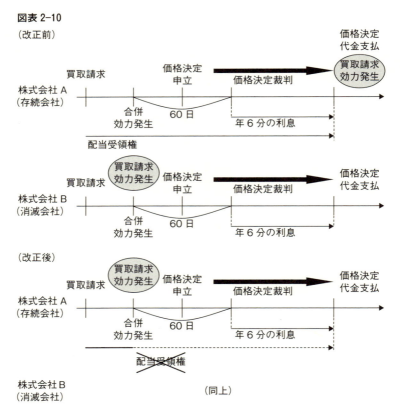

138　第2部　改正のポイント

価格として事前に支払った額を上回らない限り，反対株主に対して利息を支払う必要がないことが明確化された。他方，裁判所により決定された買取価格が当事会社が公正な価格として支払った額を上回った場合には，当事会社は，自らが公正な価格として事前に支払った額と裁判所により決定された買取価格との差額及び当該差額に対する利息発生日後の利息を追加で支払うことになるものと解される。

かかる事前支払制度において，当事会社が自らが公正な価格と認める額として支払う金額としては，例えば，買取価格の協議・決定手続において自らが主張することが想定される「公正な価格」とすることが考えられる。この点，当事会社において，自らが主張することが想定される「公正な価格」を上回る金額を反対株主に予め支払うことや買取価格決定の裁判手続の進展に応じて支払額を増加させること等により，裁判所によって決定される買取価格に伴う利息負担を可及的に軽減させることも考えられなくはない。もっとも，かかる対応は，当事会社が買取価格の協議・決定手続において主張する「公正な価格」と事前支払制度において自ら「公正な価格と認める額」とが異なることになるため，裁判所における買取価格の決定手続等における当事会社の主張の合理性に疑義を生じさせ，当事者間における協議や裁判所における心証に何らかの悪影響を及ぼす可能性が否定できないように思われる。また，最終的に当事会社が反対株主に対して事前に支払った価格が，協議により合意された買取価格や裁判所により決定された買取価格を上回った場合には，当事会社は，返還を受けるべき当該差額について，反対株主における信用リスクを負担する結果になる点にも留意が必要である。

上記**図表 2-9** のような吸収合併の事案において，株式会社 A（存続会社）の株主が株式買取請求を行い，買取価格決定の申立てがなされた後に，株式会社 A（存続会社）が公正な価格と認める価格を当該株主宛に支払う旨の申出をしたにもかかわらず，当該株主によりかかる申出が拒否された事例を念頭に，上記の改正内容を改正前と改正後とで比較の上図示すると，大要**図表 2-11** のようになる。

図表 2-11

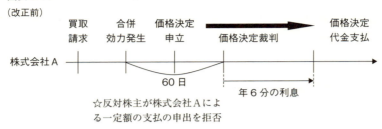

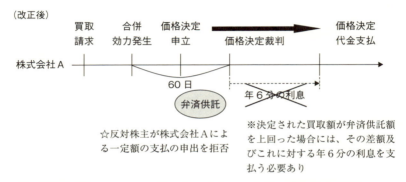

4．簡易組織再編，略式組織再編等における株式買取請求権の廃止

　改正前会社法においては，事業の全部譲受けを行う場合で事業譲受会社において簡易事業譲渡の要件を満たす場合，及び，吸収合併，吸収分割又は株式交換が行われる場合で存続株式会社等において簡易組織再編の要件を満たす場合には，事業譲受会社又は存続株式会社等の全ての反対株主が株式買取請求権を有するものとされていた（旧法469条2項2号・785条2項2号・797条2項2号・806条1項2号）。

　しかし，株式買取請求の制度趣旨は，会社の基礎に本質的変更を来す行為に対して反対する株主に投下資本回収の機会を付与することにあるところ，簡易組織再編等については当事会社や株主に対する影響が軽微であることから株主総会決議を不要としていることに鑑みれば，簡易組織再編等において株式買取請求権を保障する必要性は高くないことから，改正会社法においては，簡易組織再編等に反対の株主に対しては株式買取請求権を付与しないこととされた（改正法469条

1項2号・785条1項2号・797条1項ただし書・806条1項2号)。したがって,今般の改正を経て,簡易組織再編又は簡易事業譲渡の要件を充足する組織再編又は事業譲渡を行う当事会社の株主については,株式買取請求が付与されないこととなる。

また,改正前会社法では,略式組織再編等において,特別支配会社(議決権の90％以上を保有する親会社)であっても株式買取請求権が付与されており,特別支配会社に対しても効力発生日の20日前に通知することが求められていた。実務上,完全親会社との組織再編の場合には,当該完全親会社の同意があれば株式買取請求期間を短縮することが可能と解されていた[28]ものの,特別支配会社が当該組織再編等に反対することは想定されず,かつ略式組織再編等の当事会社である特別支配会社を保護する必要性もないことから,改正会社法では,特別支配会社については,略式組織再編等における株式買取請求権を有さず,株式買取請求に係る通知の対象からも除外された(改正法469条2項・3項・785条2項・3項・797条2項・3項)。

もっとも,吸収合併及び吸収分割の場合は,少なくとも当事会社の一方で債権者異議手続が必要であり,かかる組織再編の開始にあたっては,事前備置が行われることが求められており,また,株式交換の場合は,必ず少数株主がいることから株式買取請求に係る手続を要するので,これらのケースにおいては,今回の改正によって全体のスケジュールの短縮は見込まれない。

分割会社において簡易吸収分割の要件を充足し,また,承継会社において略式吸収分割の要件を充足する吸収分割の事例を念頭に,改正前と改正後とで比較の上図示すると,大要**図表 2-12** のようになる。

5. 適用時期

以上の改正については,改正法の施行日以降に,契約を締結し,又は計画を作成した事業譲渡,合併,会社分割,株式交換,株式移転から適用され,施行日前

---

[28] 土井敏行「商業登記実務Q&A(4)」登記情報554号(2008)104頁。

図表 2-12

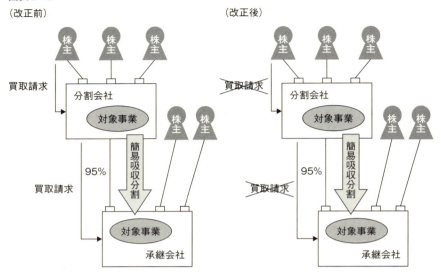

に契約締結又は計画作成を行った組織再編等については，なお従前の例によるとされている（改正法附則18条・20条）。したがって，施行日前後に行う組織再編等については，今般の改正が実務に与える影響やそのメリット・デメリットを考慮しつつ，契約締結日・計画作成日を検討することも考えられる。

> **point 想定される実務への影響**
>
> 　株式買取請求に係る改正の実務への影響としては，特に，買取口座の創設をはじめとする撤回制限の実効化に伴う各種手続の変更や簡易組織再編等における株式買取請求の撤廃に伴い，スケジュール作成業務への影響等が想定されるところである。
>
> 　また，買取価格決定前の支払制度が創設されたことにより，価格決定に係る裁判手続の長期化により会社が過度な利息負担の危険に晒される懸念がなくなった（上記のとおり，裁判所により決定された買取価格が会社が公正な価格として支払った額を上回った場合には，会社は，会社が公正な価格として事前に

支払った額と裁判所により決定された買取価格との差額及び当該差額に対する利息発生日後の利息を追加で支払うことになるものと解されるが，従前の会社の負担に比すれば軽減されたといえる）ことが明確化された点は実務的に意義が大きいものと思われる。

第4節　組織再編等の差止請求

> **point　改正のポイント**
> ①組織再編，全部取得条項付種類株式の取得及び株式併合について，一般的な差止請求に係る規定を新設。
> ②要件は，法令又は定款違反に限定され，対価の不当性は含まれない。

1．改正の経緯

　改正前会社法上，株主が組織再編の差止めを請求できるのは，当事会社の一方が他方の特別支配会社[29]である場合（いわゆる略式組織再編）に限られており[30]（旧法784条2項・796条2項），それ以外の組織再編については，組織再編の差止請求に関する明文の規定は設けられていない。

　この点，改正前会社法上の解釈として，明文の規定が設けられていない場合においても，株主総会決議取消しの訴え（会社法831条1項）を本案とする仮処分命令の申立てや取締役の違法行為差止請求（会社法360条1項）等により，組織再編の差止めを請求することができるとする見解があるが[31]，これらの制度は，いずれも組織再編の差止めを直接的な目的とした制度ではないことから，一定の制約が存する[32]。また，改正前会社法上，組織再編の効力を争う手段としては，組織再編無効の訴え（会社法828条）による事後的な救済が考えられるが，これ

---

[29] ある株式会社の総株主の議決権の10分の9（これを上回る割合を当該株式会社の定款で定めた場合にあっては，その割合）以上を直接又は間接に有する会社をいう（会社法468条1項）。
[30] 略式組織再編においては，(i)簡易組織再編と異なり，少数株主による反対通知の制度（会社法796条4項）が存在しないこと，(ii)株主総会決議が不要とされており，株主が説明を求める機会や意見を述べる機会がないこと，(iii)同様の理由により，株主総会決議取消しの訴え（会社法831条1項）を提起して組織再編の効力を争うことができないこと等から，それに代わる少数株主の保護措置として差止請求権が設けられている（森本滋編『会社法コンメンタール18』〔商事法務，2010〕80頁〔柴田和史執筆部分〕）。
[31] 実際に，株主総会決議取消しの訴えを本案とする仮処分による組織再編の差止めを認めた事例として，甲府地決昭和35・6・28判時237号30頁。

については，事後的に組織再編の効力が否定されると，法律関係を不安定にするおそれがあるとの指摘がされている[33]。

そこで，改正法においては，組織再編（ただし，簡易組織再編を除く）について，事前の救済手段としての一般的な差止請求に係る規定が新設されることとなった（改正法784条の2・796条の2・805条の2）。また，併せて，全部取得条項付種類株式の取得及び株式併合についても，同様に一般的な差止請求に係る規定が新設されることとなった（改正法171条の3・182条の3）。

2．組織再編等の差止請求の要件等

(1) 要件

改正前会社法上の略式組織再編に係る差止請求については，(i)当該組織再編が法令若しくは定款に違反する場合，又は(ii)当該組織再編の対価が当事会社の財産の状況その他の事情に照らして著しく不当である場合であって，株主が不利益を受けるおそれがあることが要件とされていた。

しかし，組織再編の差止請求は，実際には仮処分命令申立事件として争われ，裁判所は短期間での審理が求められることから，対価の不当性を要件とすると，裁判所における審理が困難となるおそれがある[34]。

そこで，改正法において新設された組織再編に係る差止請求については，当該組織再編が法令若しくは定款に違反する場合であって，株主が不利益を受けるおそれがあることが要件とされており，対価の不当性は要件とされていない。また，

---

[32] 株主総会決議取消しの訴えを本案とする仮処分命令の申立てについては，仮の地位を定める仮処分（民保23条2項）に関する解釈論として，差止めの根拠は会社法上の個別的な規定に基づく差止請求権によるべきであり，こうした被保全権利の疎明がなければ仮処分は認められないとの指摘がある（瀬木比呂志『民事保全法〔新訂版〕』〔日本評論社，2014〕299頁）。また，取締役の違法行為差止請求については，会社に著しい損害又は回復することができない損害が発生する必要があるところ，かかる要件の立証は困難であるとの指摘がある（東京地方裁判所商事研究会編『類型別会社訴訟II〔第3版〕』〔判例タイムズ社，2011〕717頁）。
[33] 岩原・前掲注11）8～9頁。
[34] 岩原・前掲注11）9頁。

図表 2-13

組織再編		現行法		改正法	
		法令・定款違反	対価の不当性	法令・定款違反	対価の不当性
	略式組織再編	○（784条2項1号等）	○（784条2項2号等）	○（784条の2第1号等）	○（784条の2第2号等）
	簡易組織再編	×	×	×	×
	上記以外の組織再編	×	×	○（784条の2第1号等）	×
全部取得条項付種類株式の取得		×	×	○（171条の3）	×
株式併合		×	×	○（182条の3）	×

○：差止可能　×：差止不可

　ここでいう「法令」とは，会社を名宛人とするものを指し，役員個人を名宛人とする善管注意義務違反や忠実義務違反は含まれないことが前提とされている[35]。したがって，改正法上，略式組織再編以外の組織再編については，原則として，対価の不当性を理由とする差止請求は認められないこととなる[36]。

　かかる規律は，新たに追加された全部取得条項付種類株式の取得及び株式併合に係る差止請求についても，基本的に同様であり，改正前後の規律をまとめると，**図表 2-13** のとおりとなる。

---

[35] 岩原・前掲注11）9頁。ただし，支配・従属関係のある当事者間における組織再編やMBO等のように利益相反の存する組織再編について，差止請求による抑止を認めるため，「法令」に取締役の善管注意義務違反や忠実義務違反が含まれる余地を残すべきであるとする見解として，飯田秀総「組織再編等の差止請求規定に対する不満と期待」ビジネス法務2012年12月号79〜80頁，白井正和「組織再編等に関する差止請求権の拡充――会社法の視点から」川嶋四郎＝中東正文編『会社事件手続法の現代的展開』（日本評論社，2013）218頁。

[36] この場合，対価の不当性は，基本的に株式買取請求制度（会社法785条・797条・806条）によって救済されることになる。ただし，組織再編に際しては，事前開示書類において組織再編の対価の相当性に関する事項を記載する必要があるところ（会社法782条1項，会社則182条1項1号等），これには，企業価値を算定するために採用した方法，算定の基礎とされた数値，算定の結果，第三者機関の独立性に関する事項等が含まれることから，これらが記載されていない場合には組織再編の差止事由に該当すると解釈することも可能であるとする見解として，飯田・前掲注35）80〜81頁。

(2) 具体的な適用が問題となる場面

　組織再編が法令に違反する場合の具体例としては，(i)組織再編契約等の内容が違法である場合，(ii)組織再編契約等に関する書面等の不備置又は不実記載，(iii)組織再編の承認決議に瑕疵がある場合，(iv)株式又は新株予約権買取請求の手続が履行されない場合，(v)債権者異議手続が履行されない場合，(vi)簡易組織再編又は略式組織再編の要件を満たさないにもかかわらず，当該手続がとられた場合，(vii)当事会社の株主に対する対価の割当てが違法になされた場合，(viii)独占禁止法の定める手続に違反して組織再編がなされた場合，(xi)必要な認可を取得していない場合等が考えられる[37]。

　また，組織再編が定款に違反する場合の具体例としては，(i)組織再編の結果，当事会社が定款所定の目的の範囲外の事業を営むこととなる場合，(ii)従属会社が，略式組織再編の要件として，総株主の議決権の10分の9と異なる定款の定めをした場合において，当該要件を満たさない略式組織再編が行われた場合等が考えられる[38]。

(3) 効果

　改正法上，組織再編の差止請求が認められた場合の効果について，明文の規定は存しないが，従前の略式組織再編の差止請求と同様に，差止請求が認められた場合においても直ちに当該組織再編の効力が生じないこととなるわけではなく，差止めを認める仮処分命令に違反して行われた組織再編について，無効事由が生じることとなるものと考えられる[39]。

(4) その他手続上の留意点

　上記のとおり，組織再編の差止請求は，実際には仮処分命令申立事件として争われることになるところ，裁判所が当該仮処分命令を発令するに際しては，一定

---

[37] 江頭〔第5版〕877〜878頁。
[38] 江頭〔第5版〕878頁。
[39] 東京地方裁判所商事研究会編・前掲注32) 717頁，江頭〔第5版〕879頁。

の担保を要求することが想定される（民保14条）。

　しかし，保全命令の発令に係る担保は，違法な命令により債務者が被る可能性のある損害を担保するものであり，組織再編による経済的利益は高額に上る場合が多いことから，当該命令により当初の計画どおりに組織再編が行えなかったことにより当事会社が被る損害を担保するためには，高額な担保が必要となる可能性がある[40]。

3．適用時期

　改正法によれば，施行日前に組織再編契約の締結又は組織再編計画の作成が行われた組織再編については，なお従前の例によるとされていることから（改正法附則20条），施行日前に当該締結等を行った組織再編（略式組織再編を除く）について，差止請求を提起することは認められない。

　他方，全部取得条項付種類株式の取得及び株式併合については，施行日前にこれらの承認に係る株主総会の招集手続が開始された場合には，なお従前の例によるとされていることから（改正法附則10条・11条），施行日前に株主総会の招集手続が開始された全部取得条項付種類株式の取得等について，差止請求を提起することは認められない。

---

[40] 奥山健志＝若林功晃「組織再編における株主・債権者保護に関する規律の見直し等」商事法務1960号（2012）19頁。

第5節　会社分割における債権者の保護

1. 詐害的な会社分割等における債権者の保護

> **point　改正のポイント**
> ①会社分割における残存債権者を保護する制度が新設された背景。
> ②民事上の詐害行為取消権との相違点。
> ③詐害性の判断基準（最判平成24年の補足意見を踏まえて）。

(1) 詐害的な会社分割等における債権者保護の必要性
① 事業再生の場面における会社分割の活用

　会社分割は，原則として分割の対象となる資産，負債その他の権利義務を自由に設定することが可能であることから，不採算事業部門と優良事業部門を切り離し，優良事業部門に経営資源を集中させて事業を再生するための有用な手段として事業再生の場面において多く活用されている。

　そのスキームの1つとして，物的新設分割により優良事業の資産・負債等を新設会社に承継し，分割会社は当該新設分割により取得した新設会社株式を第三者に譲渡した後，特別清算や破産等により清算するという手法がとられることも多い。この場合，分割会社は，分割会社に残存する分割会社の債権者（以下「残存債権者」という）に対して，株式譲渡代金や残存資産の換価代金を弁済原資として弁済を行い，不足部分については債権放棄を受けることになる。

② 会社法の施行と詐害的な会社分割の頻発

　会社法施行前の旧商法時代は，分割会社及び新設会社・承継会社の双方において会社分割後に「債務の履行の見込みがあること」が，会社分割の有効要件と解されていた（旧商法374条の2第1項3号等参照）。そのため，上記のようなスキームを実行する場合，残存債権者との間で事前に協議を行い，残存債権者から

その実行につき事前に同意を取得していた。

　ところが，会社法の下では，「債務の履行の見込みがあること」は，会社分割の有効要件ではなく，見込みがない場合でも会社分割は無効とはならないとの解釈が有力とされている（会社則183条6号等参照）[41]。このため，会社法下では，残存債権者の事前の同意がなくても上記スキームを実行することができるようになった。

　そうしたところ，これを利用（濫用）して，全債権者に対して事前に一切告知せず，残存債権者に対する債務を逃れる目的で会社分割が行われる事例が頻発するようになった。すなわち，物的分割の場合，残存債権者は債権者保護手続の対象外とされており，また，新設会社等に承継される債権者であっても，分割会社による重畳的債務引受けがなされる場合のように，引き続き分割会社に対して債務の履行を請求できる場合には債権者保護手続の対象外とされている（会社法789条1項2号・810条1項2号）。そのため，物的新設分割を用い，かつ，新設会社に承継される債権者に係る全ての債務を重畳的債務引受けとして新設会社に承継することで，債権者保護手続を一切せずに（全債権者に対して一切告知をせずに）会社分割を実行することができる。また，資産とともに負債も承継することで新設会社の純資産を小さくし，株式の譲渡代金を低額に抑えることができる。そのため，新設会社の株式を例えば親族等の個人でも購入することができるような廉価に設定することも理論上は可能となる。一部のコンサルティング会社等が，これに着目し，財務状況が厳しい中小企業に対して会社分割を使えば過剰な債務を圧縮できるなどと助言し，詐害的な会社分割が頻発する事態が生じた。

③　残存債権者を保護する判例・裁判例

　このような詐害的会社分割に対して残存債権者は，民法424条の詐害行為取消権，法人格否認の法理，会社法22条1項の商号続用責任の類推適用などを主張し，裁判を提起するなどして対抗した。そして，複数の下級審において，会社分

---

[41] 相澤ほか編著・前掲注17）674頁。反対，江頭〔第5版〕899頁。

割の詐害性を肯定して財産の取戻しを認めたり，残存債権者から新設会社への直接の請求を認めたりするなどの判決等が出された。また，要綱決定後の平成24年10月12日には，最高裁においても，詐害的な会社分割に対して残存債権者は詐害行為取消権（民424条）を行使することができるとしたうえで，詐害行為取消権の行使により新設分割による会社設立の効力は否定されないが，債権者の債権保全に必要な限度での権利の承継の効力が取り消される旨の判決（以下「最判平成24年」という）が出された[42]。

このような背景の下，会社法制部会でも，詐害的会社分割等における残存債権者の保護が議論となり，改正法では残存債権者救済のための制度が新設された（改正法759条4項・761条4項・764条4項・766条4項等）。なお，事業譲渡においても，同様の制度が新設されている（改正法23条の2・24条，商18条の2）。

(2) 新設された制度の内容
① 要件・効果等
改正法において新設された詐害的会社分割等における残存債権者を保護する制度の内容は，**図表2-14**のとおりである。

② 民法424条の詐害行為取消権との相違点
本制度は民法上の詐害行為取消権と類似する。もっとも，主に以下のように請求の効果等に違いがあることから，制度として並存すると考えられる[43]。

▶ 請求の効果
民法上の詐害行為取消権の効果は，原則としては現物を返還する必要があり（大判昭和9・11・30民集13巻2191頁，最判昭和54・1・25民集33巻1

---

[42] 最判平成24・10・12民集66巻10号3311頁。
[43] 坂本・一問一答でも，「いずれか一方が他方に優先すべき関係にあるということはできません」（325頁），「承継されない債権者は，第759条第4項等の請求権と詐害行為取消権のいずれをも行使することができると考えられます」（326頁）と解説されている。

図表 2-14

①主体（権利者）	・新設会社・承継会社・事業譲受会社（以下「新設会社等」という）に承継されない債務の債権者（残存債権者）。
②要件	・新設分割・吸収分割・事業譲渡（以下「会社分割等」という）が残存債権者を害すること。 ・分割会社・事業譲渡会社（以下「分割会社等」という）が，残存債権者を害することを知っていたこと。 ・吸収分割・事業譲渡では，会社分割・事業譲渡の効力発生時において，承継会社・事業譲受会社が残存債権者を害することを知っていたこと。
③請求の効果	・残存債権者は，承継した財産の価額[44]を限度として，新設会社等に対して債務の履行を直接請求することができる。
④適用範囲	・人的会社分割には適用されない。
⑤行使期間	・時効：残存債権者が，残存債権者を害する会社分割等がされたことを知った時から2年以内に請求又はその予告をしなければならない。 ・除斥期間：会社分割等の効力発生日から20年。
⑥法的倒産手続との関係	・分割会社等について，破産手続等の法的倒産手続が開始した場合，残存債権者は新設会社等に対して当該権利を行使できない。

号12頁），それが不可能又は著しく困難な場合には価格賠償が可能とされている（最判昭和35・4・26民集14巻6号1046頁）。前述の最判平成24年の事案でも，結論としては現物の返還（所有権移転登記の抹消登記）を認容している。

これに対して，本制度は，残存債権者が，分割会社等に有していた債権にかかる債務の履行を新設会社等に対して請求ができる点に違いがある。

▶ 請求方法

民法上の詐害行為取消権は，他人間の法律行為を取り消すという性質上，裁判上の請求に限られている（民424条）。

これに対して，本制度は，裁判上の請求に限られない。前記の通り，残存

---

44) 承継した積極財産の総額であり，そこから承継した債務の価額を差し引いた価額ではない。岩原・前掲注11) 10頁。

債権者が，新設会社等に対して，直接，債務の履行を請求することができる。

(3) 会社分割の詐害性の判断基準（「債権者を害する」の解釈）

どのような会社分割・事業譲渡が詐害性を有するかについて，改正法は具体的な規定は置いておらず[45]，「承継されない債務の債権者…を害する」（改正法759条4項等）の解釈の問題となる。

この点，詐害的な会社分割から残存債権者を保護する必要はあるが，その点をあまりに重視して「債権者を害する」と広く解釈すると，債務者側に萎縮効果が生じ，詐害的ではない会社分割まで活用しにくくなる。詐害的な会社分割は許されないが，会社分割が事業再生の有用な手法であることも十分考慮し，債権者の保護と債務者のニーズとのバランスを考慮する必要がある[46]。

会社分割の詐害性が問題となる場面では，債務者は，会社分割を実行しなければ残存債権者を含む一般債権者に対しては，全額を弁済できない状態にあるのが通常である。そうであれば，このような場面において「債権者を害する」行為か否かというのは，残存債権者に対する弁済率の多寡（増減）で考えるべきであろう。すなわち，立証の困難性はあるものの，(A) 会社分割を実行したうえで旧会社を清算した場合の弁済率が，(B) 会社分割をせずに事業継続した場合あるいは清算した場合の弁済率よりも低い場合には（A＜B），当該会社分割は残存債権者を害し，そうでない限りは（A≧B）残存債権者を害しないと考えるべきである。このように考えることは，会社法において，物的分割の場合には承継された資産負債（権利義務）に対して相当の分割対価が支払われることから，分割

---

[45] 中間試案補足説明においても，「いかなる会社分割が残存債権者を『害する』ものであるかについては，基本的には，詐害行為取消権について定める民法第424条第1項本文の『債権者を害する』法律行為と同様に解されることになると考えられる」（中間試案補足説明第2部第6の11）との説明にとどまる。

[46] この点，坂本・一問一答315頁では，「典型的には，分割会社が会社分割により債務超過となる場合が『債権者を害する』という要件に該当することになると考えられ」るとされている。しかし，仮に，そのような場合が全て「債権者を害する」という趣旨だとすれば，そのような解釈は最判平成24年の須藤裁判官の補足意見と比較しても広すぎるし，事業再生の場面での会社分割の活用に支障が生じかねず，適切ではないように思われる。

会社に債務の履行を請求をできる債権者は債権者保護手続の対象外となっていることと整合する。

> **point　最判平成 24 年の補足意見**
>
> 　最判平成 24 年は，民法上の詐害行為取消権に関する判決ではあるが，本制度における「債権者を害する」の解釈の参考となるところ，最判平成 24 年には須藤正彦裁判官による補足意見が付されている。
>
> 　同補足意見は，当該新設分割前は，新設会社に承継された不動産の担保余力分約 3300 万円が残存債権者と承継債権者の共通の責任財産であったのに対して，新設分割により残存債権者の責任財産が新設会社の株式の純資産分（100 万円）となる一方，承継債権者の責任財産は当該不動産の担保余力分約 3300 万円が維持されていることを指摘し，「要するに，本件新設分割における対価が相当であるとしても，……本件残存債権の責任財産は大幅に変動するなどの事態が生じ，かつ，本件残存債権の債権者と本件承継債権の債権者との間で著しい不平等が生ずるに至ったということである」とする。同補足意見の趣旨は必ずしも明らかではないが，上記記載からは，①責任財産の減少に加えて，②残存債権者と承継債権者との不平等性からも詐害性を認めているようにも思われる。
>
> 　もっとも，残存債権者の責任財産となった新設会社の株式の価値（純資産）が 100 万円になったのは，会社分割により資産だけでなく一部の債務を承継した，すなわち，一部の債権者を不平等に扱ったからである。このように，残存債権者と承継債権者が不平等に扱われた点は，残存債権者の責任財産が減少した「原因」である。そうだとすれば，同補足意見も，結局は責任財産が減少したこと，すなわち，残存債権者に対する弁済率が低下したことに詐害性を求めていると考えられ，この点は合理的であると考える。ただし，責任財産が減少したか否かの判断にあたって，新会社の株式価値を新会社の純資産のみで検討している点は不十分と思われる。新会社に優良事業部門が切り離されることで新会社の事業価値は上がるであろうし，スポンサー

がいて新会社の株式を譲り受けることが想定されている場合には当該スポンサーによる取得額も参考とする必要があろう。そのような観点も加味して，新会社株式を評価し，責任財産の増減や残存債権者に対する弁済率の多寡を検証して，当該会社分割の詐害性（「債権者を害する」か否か）を判断すべきであろう。

(4) 適用時期

改正法附則5条・20条は，施行日前に計画が作成され，あるいは，契約が締結された会社分割・事業譲渡については，なお従前の例によるとしている。そのため，本制度が適用されるのは，施行日後に計画作成や契約締結された会社分割・事業譲渡である。施行日前に計画作成や契約締結された会社分割・事業譲渡については，効力発生日が施行日後であっても本制度は適用されない。

(5) 実務への影響

① 事業再生の実務への影響

事業再生の実務において，会社分割を活用する際には，残存債権者に十分な情報開示をし，理解を得た上で行っているため，本制度により大きな影響が生じることはないと考えられる。もっとも，「債権者を害する」場合が，必要以上に広く解釈されるようになると，それを理由に残存債権者が詐害的とはいえない会社分割にまで反対するといったことも想定される。前述の通り，「債権者を害する」の解釈にあたっては，債権者の保護と債務者のニーズとのバランスを考慮する必要があろう。

② 残存債権者による債権回収への影響

前述のとおり，民法上の詐害行為取消権で，残存債権者から新設会社等への直接の請求が認められるのは，あくまで例外的な場合である。また，訴訟外で新設会社等に直接請求するためには，法人格否認の法理や商号続用責任の類推適用といった理論構成によらざるを得なかったが，前者は要件が厳格であり，後者は免

責登記（会社法22条2項）がされれば請求ができなかった。

これに対して，本制度は，新設会社等への直接請求権を定めたものであり，また，「債権者を害する」という要件を満たす必要があるものの，法人格否認の法理ほど要件が厳格ではない。そのため，残存債権者にとっては，例えば，新設会社等の責任財産への保全手続や新設会社等への法的倒産手続の債権者申立ての場面などでは，被保全権利の疎明が従前より容易になったといえる。

③　承継会社・事業譲受会社への影響

承継会社・事業譲受会社にとっては，「債権者を害する」場合には，直接請求を受けるというリスクを負うことになる。もっとも，特に事業再生の場面で分割会社において，会社分割実行後に債務免除を受けることを想定している場合には，残存債権者からの同意をクロージングの前提条件とするなどの対応が採られている。そのような対応が採られている限り，本制度の新設による影響は少ないものと思われる。

④　M&A実務への影響

買収対象会社が会社分割により新設された（あるいは，今後新設される）会社等である場合，買収者としては，デューデリジェンスの際に，対象会社が残存債権者から債務の履行を請求されるおそれがないかについても確認しておく必要があろう。

2．分割会社に知れていない債権者の保護

 改正のポイント

①分割会社に知れていない債権者の保護の拡充。
②不法行為債権者の保護の拡充。

(1) 分割会社に知れていない債権者の保護の必要性

　改正前会社法では，会社分割に異議を述べることができる分割会社の債権者であっても，分割会社に知れていない者（例えば，無記名社債権者）に対しては，官報公告に加えた各別の催告は要しないものとされている（会社法789条2項・810条2項）。分割会社に知れていない債権者は，分割契約又は分割計画に従い，分割会社又は承継会社・新設会社（以下「承継会社等」という）のいずれか一方に対してのみ債務の履行を請求することになる。

　しかし，改正前会社法については，以下の問題点が指摘されていた。

① 分割会社に知れている債権者との不公平性

　会社分割に異議を述べることができる分割会社の債権者のうち，分割会社に知れている債権者に対しては，各別の催告が必要とされ，各別の催告がなされなかった場合（ただし，分割会社の公告方法が電子公告又は日刊新聞紙であり，官報公告に加えて，これらの方法による二重公告を行った場合を除く），当該債権者は分割会社及び承継会社等の双方に債務の履行を請求できる（旧法759条2項・3項・764条2項・3項等）。本来，各別の催告がなされるはずであったがこれがなされなかった知れている債権者であろうが，元々，各別の催告の対象ではない知れていない債権者であろうが，官報公告を確認しなければ会社分割を知りえなかったという状況に変わりはない。それにもかかわらず，結果として，「知れていない債権者」の保護が劣る形となっている。

② 分割会社に知れていない不法行為債権者の保護の不十分性

　分割会社が官報公告に加えて，定款所定の日刊新聞紙又は電子公告による二重公告を行う場合であっても，分割会社に知れている不法行為債権者に対しては，各別の催告が必要であるとされており（会社法789条3項・810条3項），この催告がなされない場合には，当該不法行為債権者は分割会社及び承継会社等の双方に履行を請求できる（旧法759条2項・3項・764条2項・3項等）。

　他方で，会社法789条2項・3項等の文言からすると，不法行為債権者であっ

図表 2-15 不法行為債権者以外の債権者

		知れている債権者		知れていない債権者	
		公告方法		公告方法	
		官報公告	日刊新聞紙・電子公告（※）	官報公告	日刊新聞紙・電子公告（※）
個別催告の要否		必要	不要	不要	不要
催告がされなかった場合	分割契約等では、承継会社等に承継	分割会社に対しても，効力発生日の分割会社の財産の価額を限度として請求可	承継会社等に対してのみ請求可	分割会社に対しても，効力発生日の分割会社の財産の価額を限度として請求可	承継会社等にのみ請求可
	分割契約等では分割会社に残存（人的分割のみ）	承継会社等に対しても，承継した財産の価額を限度として請求可	分割会社に対してのみ請求可	承継会社等に対しても，承継した財産の価額を限度として請求可	分割会社にのみ請求可

※官報公告に加え，日刊新聞紙又は電子公告の二重公告を実際に実施した場合。

ても，分割会社に知れていない者に対しては，各別の催告を要しないように読める。このため，知れていない不法行為債権者は，分割会社又は承継会社等のいずれか一方に対してのみ債務の履行を請求できるように解され，不法行為債権者の保護としてバランスを欠く形となっている。

(2) 改正の内容

　上記の指摘を踏まえて，改正法では，分割会社の債権者であって，各別の催告を受けなかった債権者（ただし，分割会社の公告方法が日刊新聞紙での公告又は電子公告であり，官報公告に加えて，これらの方法による二重公告を行った場合には不法行為債権者に限る）は，分割会社に知れているかいないかにかかわらず，分割会社又は承継会社等のいずれにも債務の履行を請求できることになった（改正法759条2項・3項・764条2項・3項等）。

　改正法における分割会社の債権者に対する各別の催告の要否と催告がされなかったときの保護内容をまとめると**図表 2-15，2-16** のとおりである。

図表2-16　不法行為債権者

		知れている債権者		知れていない債権者	
		公告方法		公告方法	
		官報公告	日刊新聞紙・電子公告（※）	官報公告	日刊新聞紙・電子公告（※）
個別催告の要否		必要	必要	不要	不要
催告がされなかった場合	分割契約等で承継会社等に承継	分割会社に対しても，効力発生日の分割会社の財産の価額を限度として請求可			
	分割契約等で分割会社に残存（人的分割のみ）	承継会社等に対しても，承継した財産の価額を限度として請求可			

※官報公告に加え，日刊新聞紙又は電子公告の二重公告を実際に実施した場合。

(3) **実務への影響**

　改正により分割会社に知れていない債権者の保護が拡充された。裏を返すと，分割会社が，公告方法を官報公告としている場合や不法行為債権者が存在する可能性がある場合については，分割会社自身が当該債権者の存在について知らない場合であっても，分割会社又は承継会社等のいずれにも債務の履行を請求できることになる。その意味で，会社分割により遮断される簿外債務の範囲が狭まったことになる。

　そのため，会社分割を行う際には，手続の簡素化という観点のみならず簿外債務の遮断という面からも公告方法を日刊新聞紙か電子公告にしておく方がよいということになる。また，公告方法のいかんを問わず，不法行為債権者の存否については，より慎重なデューデリジェンスが必要となるうえ，既に実務でも規定されている場合が多いが，不法行為債権者が存在した場合の取扱いについて分割契約や分割計画で明確に規定をする必要性が高まったといえる。

第6節　その他M&Aに関する改正

1．株主総会等の決議取消しの訴えの原告適格

 改正のポイント

株主総会等の決議取消しの訴えにつき，決議取消しの結果，株主の地位を回復する可能性がある者にも原告適格が認められることを明文化。

⑴　改正の経緯，内容

　改正前会社法は，株主総会等[47]の決議の取消しの訴えにつき，決議取消しの結果として，取締役や監査役等の地位を回復する可能性がある者について原告適格を認める明文の規定を置く一方で，決議取消しの結果として，株主の地位を回復する可能性がある者について，原告適格を認める明文の規定は置いていなかった（旧法831条1項）。

　もっとも，例えば，全部取得条項付種類株式を利用したスクイーズアウト取引[48]によって株主としての地位を失った者のように，株主の地位を失う原因となった株主総会の決議が取り消されれば，株主としての地位を回復する可能性がある以上，株主総会等の決議取消しの訴えの原告適格を肯定すべきとも考えられ，実際に原告適格を肯定した裁判例もある（東京高判平成22・7・7判時2095号128頁，日本高速物流株主総会決議取消請求事件）。

　改正法は，このような議論を踏まえ，株主総会等の決議の取消しの訴えについて，決議の取消しの結果，株主の地位を回復する可能性がある者にも原告適格が認められることを明文化した（改正法831条1項）。

47）株主総会若しくは種類株主総会又は創立総会若しくは種類創立総会を指す（会社法830条1項）。
48）会社法171条1項参照。なお，全部取得条項付種類株式を利用した従来のスクイーズアウト取引の実務については，渡辺邦広「全部取得条項付種類株式を用いた完全子会社化の手続」商事法務1896号（2010）25頁に詳しい。

(2) 経過措置（適用時期）

本改正については，改正規定の適用時期に関し，経過措置は定められていない。

上記のとおり，改正前会社法の下でも，解釈上，原告適格を肯定する裁判例もあり，改正法の施行後は，施行前になされた株主総会等の決議も含め，当該決議が取り消されることによって，株主としての地位を回復する可能性がある者に原告適格が認められるものと解される。

(3) 実務への影響

上記のとおり，本改正は，原告適格を肯定する改正前会社法の解釈を明文化したのみとも解され，当該改正により実務に大きな影響があるとは解されない。

もっとも，例えば，スクイーズアウト取引に際しては，一般的にスクイーズアウト後に株主として残存することが見込まれる大株主とその他の少数株主との間で利害が対立し易い構造にある。実務上は，このような取引についても，株主総会等の決議の取消しの原因となることがないよう，株主総会等を適正に運営する必要がある。

2. 人的分割における準備金の計上

 改正のポイント

いわゆる人的分割の実施に際して準備金の計上を不要とした。

(1) 改正の経緯，内容

改正前会社法は，分割会社が会社分割の効力発生日に会社分割の対価として交付を受けた吸収分割承継会社又は新設分割設立会社の株式又は持分のみを配当財源として剰余金の配当を実施する，いわゆる人的分割について，分配可能額に係る財源規制等の適用を除外している（旧法792条2号及び812条2号による旧法458条及び旧法第2編第5章第6節の規定の適用除外）。

これは，人的分割に際して，分割会社の債権者に対しては，必ず債権者保護手

続が行われるため（会社法789条1項2号・810条1項2号），剰余金の配当に際して，分配可能額に係る財源規制等を適用しなくとも分割会社債権者を害することがないためである。

　他方で，改正前会社法は，人的分割に際して，会社法445条4項の適用を除外していない。このため，改正前会社法上は，人的分割の場合でも，資本準備金及び利益準備金（以下総称して「準備金」という）の額が資本金の額の4分の1に達していない場合には，当該剰余金の配当により減少する剰余金の額の10分の1に相当する額を準備金として計上することが必要である（会社法445条4項，会社計算22条）。

　もっとも，会社法445条4項が，剰余金の配当に際して準備金の計上を義務付けている趣旨は，剰余金の配当に合わせて一定の金額の利益を留保させることで，他日の損失に備えさせることにあると解されている。上記のように，分割会社の債権者に対して必ず債権者保護手続が行われ，分配可能額に係る財源規制等を適用しない人的分割について，準備金の計上のみを義務付ける理由は乏しい。

　そこで，改正法792条2号及び812条2号は，これらにより適用除外とされる規定に，会社法445条4項を追加し，人的分割の実施に際しての準備金の計上を不要とした。

(2) 経過措置（適用時期）

　改正法附則20条は，「株式会社の合併等に関する経過措置」の内容として，改正法の施行日前に，吸収分割契約が締結され，又は，新設分割計画が作成された吸収分割及び新設分割については，「なお従前の例による」旨を定める。

　このため，吸収分割契約の締結や新設分割計画の作成が，改正法の施行日前になされた場合には，改正前会社法の規定に従い人的分割に際しても準備金の計上が必要とされ，施行日後になされた場合には準備金の計上は不要となる。

第 3 章
資金調達に関連する改正

第 1 節　支配株主の異動を伴う募集株式の発行等

 改正のポイント

① 引受人とその子会社等が有することとなる議決権の数が，総株主の議決権の数の 2 分の 1 を超える場合には，株主に対する通知又は公告が必要。

② 通知・公告後 2 週間以内に総株主の議決権の 10 分の 1 以上の議決権を有する株主が反対する旨を通知した場合は，事業の継続のため緊急の必要があるときを除き，株主総会の普通決議による承認が必要。

③ 募集新株予約権の発行等についても同様の規律が適用される。

1．改正の趣旨

　改正前会社法のもとでは，公開会社（会社法 2 条 5 号）は，有利発行でない限り，募集事項の決定は取締役会の決議のみによって行うことができる（会社法 201 条 1 項）。また，募集株式が譲渡制限株式でない場合は，割当て先の決定を取締役や執行役に委任することができる[1]。

　よって，改正前会社法上，公開会社は，有利発行の場合，又は，発行可能株式総数の増加や株式の種類の追加などのために定款を変更する必要がある場合を除き，株主総会の決議を経ずに，取締役会の決議のみで募集株式の発行等と割当てを行うことができる。

　しかし，このような制度については，経営陣が株主，特に支配株主を選ぶこと

---

[1]　酒巻俊雄＝龍田節ほか編『逐条解説会社法(3)』（中央経済社，2009）95 頁［梅本剛正執筆部分］。

ができることについて問題視する意見があった。

　経営陣が株主を選択できるという問題について，改正前会社法では，株主が「著しく不公正な方法により」行われる募集株式の発行等の差止めを請求できる（会社法210条2号）という制度によって，規律を図ろうとしてきたが，この規律が必ずしも成功していないのではないかという指摘もなされている[2]。

　そこで，改正法では，支配株主の異動を伴う募集株式の発行等について，通知又は公告を行わせた上で，総株主の議決権の10％以上の議決権を有する株主が反対する旨を会社に通知したときは，株主総会の普通決議を経なければならないとした（改正法206条の2）。ただし，10％以上の反対があったとしても，会社の財産の状況が著しく悪化している場合において，会社の事業の継続のために緊急の必要があるときは，株主総会の決議を要しない（同条4項ただし書）。

2．改正法が適用される場面（2分の1の計算）

(1)　合算の範囲

　この規律が適用されるのは，募集株式の発行等により支配株主の異動が生じる場合である（改正法206条の2第1項）。具体的には，引受人とその子会社等（改正法2条3号の2）が，引き受けた募集株式の株主となった場合に有することとなる議決権の数が，引受人の全員が募集株式の株主となった場合における総株主の議決権の数の2分の1を超える場合に適用される。

　2分の1の計算における分子については，引受人とその子会社等の議決権の数を合算する。引受人と同時にその子会社等も募集株式を引き受ける場合には，当該子会社等が当該募集株式の株主となった場合に有することとなる議決権の数をも合算する[3]。ここで「子会社等」とは，①子会社又は②会社以外の者がその経営を支配している法人として法務省令で定めるものをいい（改正法2条3号の2,

---

[2]　会社法制部会第5回会議議事録24頁［田中委員発言］。
[3]　坂本三郎ほか「平成26年改正会社法の解説(Ⅳ)」商事法務2044号（2014）6頁。

改正会社則3条の2)，②は引受人が会社以外の者である場合に適用される。

　他方，引受人の親会社等や兄弟会社は合算の対象ではない。また，例えば，引受人と共同して株式を引き受ける合意をしている者や，議決権の行使について合意している者も，合算の対象とはなっていない。よって，株式を引き受けるエンティティを分けることによって，形式的にはこの規律の適用を避けることも可能である。もっとも，状況によってはこの規律の潜脱であるとして，1人が引き受けたと解釈される余地はあり得る[4]。

　なお，引受人がもともと親会社等（改正法2条4号の2）であった場合や，株主割当てを行う場合は，適用がない（改正法206条の2第1項ただし書）。

(2) 種類株式・公募

　議決権がない種類の株式を引き受ける場合，たとえ当該種類の株式に取得請求権又は取得条項が付されており，その株式の取得対価として議決権のある株式が交付される可能性があったとしても，2分の1の計算においては，単に議決権がない株式と考えれば足り，交付される可能性のある株式に係る議決権は計算の対象に含まれない。よって，議決権がない種類の株式の割当てについてこの規律が適用されることはない。これは，取得請求権付株式や取得条項付株式については，その発行のために定款の定めを要し（会社法107条2項2号3号・108条2項5号6号），定款変更のために株主総会の特別決議を要する（会社法466条・309条2項11号）からである[5]。

　また，この規律は，特に第三者割当て[6]に限られず，公募にも適用される[7]。よって，公募が金融商品取引業者による「買取引受け」の形で行われる場合に，仮に金融商品取引業者が総株主の議決権の2分の1を超える株式数を引き受けると，この規律の対象となり得る[8]。

---

4) 会社法制部会第21回会議議事録40頁［内田関係官発言］。
5) 会社法制部会第19回会議・部会資料21「企業統治の在り方に関する個別論点の検討」16頁。
6) 企業内容等の開示に関する内閣府令19条2項1号ヲには，「第三者割当」が定義されている。
7) 坂本ほか・前掲注3) 6頁。
8) 江頭〔第5版〕751頁。

(3) 募集新株予約権の場合

　同様の改正は，募集新株予約権の発行についてもなされている。具体的には，新株予約権の引受人及びその子会社等が，その引き受けた募集新株予約権に係る交付株式の株主となった場合に有することとなる最も多い議決権の数が，当該場合における最も多い総株主の議決権の数の2分の1を超える場合には，この規律が適用される（改正法244条の2）。

　ここで「交付株式」については，募集新株予約権の目的である株式（すなわち，新株予約権が行使された場合に交付される株式），取得条項付新株予約権について取得の対価として交付される株式，又は取得条項付新株予約権について取得の対価として新株予約権若しくは新株予約権付社債が交付される場合は当該新株予約権等の目的である株式をいう（改正法244条の2第2項，改正会社則55条の3第1項）。そして，行使や取得条項など株式が交付される事由が複数ある募集新株予約権については，それらの事由のうち，引受人とその子会社等が最も多くの議決権を有する結果となるものを基準として分子を定めることとなる。交付株式の数が割当ての決定日（又は総数引受契約の締結日）の後の日における市場価額その他の指標に基づき決定する方法その他の算定方法により決定される場合は，交付株式の数は，当該決定日の前日に交付株式が交付されたものとみなして計算した数とする（改正会社則55条の3第3項）。

　また，当該計算の分母は，当該引受人及びその子会社等が引き受けた募集新株予約権について行使や取得条項などにより株主となった場合における最も多い総株主の議決権の数とされている。すなわち，当該引受人及びその子会社等のみが引き受けた新株予約権に係る議決権の数の最大数のみが加算され，引受人全員について加算されるわけではない。

　なお，募集株式の場合と同様，引受人がもともと親会社等（改正法2条4号の2）であった場合や，株主割当てを行う場合は，適用がない（改正法244条の2第1項ただし書）。

3. 改正法が適用される場合の手続

(1) 通知・公告

　この規律が適用される場合，公開会社は，払込期日（又は払込期間の初日）の2週間前までに，次の事項を，株主に対して，通知又は公告する必要がある（改正法206条の2第1項・2項，改正会社則42条の2）。

　ア　特定引受人の氏名又は名称及び住所
　イ　特定引受人及びその子会社等がその引き受けた募集株式の株主となった場合に有することとなる議決権の数
　ウ　特定引受人及びその子会社等がその引き受けた募集株式に係る議決権の数
　エ　募集株式の引受人の全員がその引き受けた募集株式の株主となった場合における総株主の議決権の数
　オ　特定引受人及びその子会社等に対する募集株式の割当て（又は総数引受契約の締結）に関する取締役会の判断及びその理由
　カ　社外取締役を置く株式会社において，上記オの取締役会の判断が社外取締役の意見と異なる場合には，その意見
　キ　特定引受人及びその子会社等に対する募集株式の割当て（又は総数引受契約の締結）に関する監査役，監査等委員会又は監査委員会の意見

　上記カの社外取締役の意見については，社外取締役が取締役会の判断に賛成しない場合に，なぜ賛成しないのかという理由も含めた社外取締役の意見を通知するものであり，社外取締役が取締役会の判断に賛成する場合に，なお社外取締役の意見を個別に通知するという趣旨ではない（平成27年省令パブコメ結果10頁）。

　振替株式を発行している会社（上場会社）による振替株式の株主に対する通知については，公告が強制される（改正社振法161条2項）。

　もっとも，株式会社が上記各事項について払込期日（又は払込期間の初日）の2週間前までに，有価証券届出書，発行登録書・発行登録追補書類，有価証券報告書，四半期報告書，半期報告書又は臨時報告書を提出している場合には，通知又は公告は不要である（改正法206条の2第3項，改正会社則42条の3）。

(2) 株主総会が必要となる場合

　総株主の議決権の10分の1以上の議決権を有する株主が，通知又は公告の日から2週間以内に引受人又は子会社等による募集株式の引受けに反対する旨を公開会社に対し通知したときは，当該公開会社は，払込期日（又は払込期間の初日）の前日までに，株主総会の普通決議によって，当該引受人に対する募集株式の割当て（又は当該引受人との間の総数引受契約）の承認を受けなければならない（改正法206条の2第4項）。この10％以上の基準を満たすためには，反対通知を行った複数の株主が有する議決権の合計数が総株主の議決権の10％に達すれば足りる[9]。

　株主が振替株式を有する場合，上記反対する旨の通知は「少数株主権等」（社振法147条4項）に該当し，個別株主通知を行う必要がある[10]。

　公開会社の財産の状況が著しく悪化している場合において，当該公開会社の事業の継続のため緊急の必要があるときは，10分の1以上の株主の反対があってもなお株主総会決議は不要である（改正法206条の2第4項ただし書）。ここで，「事業の継続のため緊急の必要があるとき」とは，倒産の危機が迫っている場合等，株主総会を開催していては公開会社の存立自体が危ぶまれるような緊急の事態が生じている場合であり[11]，相当限定的な場面での適用が想定される。

(3) 株主総会の手続

　総株主の議決権の10分の1以上の反対があり，株主総会決議が必要となった場合，当該決議の定足数は議決権の過半数であり，定款の定めにより3分の1まで定足数を下げることができる。また，出席した株主の議決権の過半数をもって決議を行う。支配株主の異動と取締役の選任が類似することを理由に，役員の選解任と同じ定足数の要件が課されている[12]。

---

9) 坂本ほか・前掲注3) 6頁。
10) 江頭〔第5版〕200頁。
11) 坂本ほか・前掲注3) 6頁。
12) 江頭〔第5版〕752頁。

会社の定款には，定足数を緩和する旨の定めが置かれていることが多いが，従前の定めは通常は支配株主の異動に関する株主総会決議には適用されず，定足数を緩和するには，新たに定款に定めを設ける必要がある。

なお，反対の通知が実際に集まる前であっても，それが集まった場合に備えてあらかじめ株主総会の承認を得ておくことは妨げられない[13]。

(4) 募集新株予約権の場合

上記(1)から(3)までの手続は，新株予約権の引受人及びその子会社等が有することとなる最も多い議決権の数が，総株主の議決権の数の2分の1を超える場合にも同様に適用される（改正法244条の2）。

> **point 実務のポイント──スケジューリング**
>
> これまでは，支配株主の異動を伴う場合であっても，原則として取締役会決議のみにより2週間で募集株式の発行等を行うことが可能であったが，改正後は，10％以上の株主の反対を受けた場合，「緊急の必要」がある場合を除き，株主総会を開催する必要が生じる。上場会社が株主総会を開催するには，基準日を定めて株主総会招集通知を発送することを考えると，1.5か月から2か月程度は期間を要することとなる。
>
> そこで，①払込期日をどのように定めるか，②株主総会のための基準日についていつ公告するかが実務上のポイントとなってくる。
>
> (a) 当初から株主総会を開催すると決める場合
>
> 　10％以上の反対を受けることがあらかじめ想定されるような場合や，特に株主総会を開催することを厭わない場合には，当初から株主総会を開催する予定でスケジュールを組むこととなる。この場合，払込期日は株主総会開催後に定めることとなり，取締役会による募集事項の決定とともに株主総会のための基準日を公告することが必要となる場合が多い。

---

13) 坂本ほか・前掲注3) 7頁。

図表 3-1

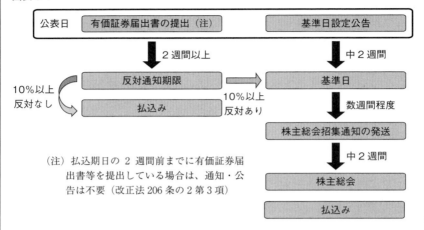

(b) 「緊急の必要」があると判断する場合

他方で，当初から「事業の継続のため緊急の必要がある」と判断すれば，10%以上の反対の有無にかかわらず通知・公告から2週間を空けて払込期日を定めることとなる。もっとも，「緊急の必要」が限定的な場面で適用されること，「緊急の必要」がなかった場合には新株発行等の無効の訴えの対象となる可能性があること[14]を考えると，実務的にこの選択をすることは必ずしも容易ではない。

(c) 上記のいずれにも該当しない場合

当初の段階で，10%以上の反対を受けないと思われる場合や，反対を受けるか分からないような場合，（状況にもよるが）当初は株主総会を開催するのに必要な期間を空けずに払込期日を定め，10%以上の反対を受けた場合は取締役会決議で払込期日を変更し株主総会を開催する方法が考えられる。

この場合，株主総会決議が必要となった場合に速やかに株主総会を開催できるように，基準日公告を取締役会による募集事項の決定と同時に行うことがより慎重な対応といえるが，簡易組織再編における現在の実

---

[14] 江頭〔第5版〕752頁，766頁。

> 務を考えると，そこまでする必要がないと判断される場合もあろう。
> 　また，払込期日を変更する場合，取締役会決議のほか，上場会社であれば有価証券届出書等の訂正も必要となってくるため，訂正を行うために通知・公告から払込期日までの間に2週間よりも若干の余裕を持たせておくことが望ましいと思われる。
>
> 上記(c)の状況にある上場会社が，募集事項の決定とともに基準日についての公告を行う場合のスケジュールは**図表3-1**の通りとなる。

4．取引所の企業行動規範との関係

　改正法とは別に，東京証券取引所（東証）等の取引所でも，(a)希薄化率が25％以上となるとき又は(b)支配株主が異動することとなるときについて，①経営者から一定程度独立した者による意見の入手又は②株主総会の決議などによる株主の意思確認を行う必要があると定めている（東証上場規程432条）。

　取引所の規則と改正法の規律を比較すると，**図表3-2**のとおりである。改正法は，支配株主が異動する場合に限り，（10％以上の議決権を有する株主が反対した場合）株主総会の決議を要するものとしており，適用範囲をより限定した上で，厳格な手続を課すものといえる。

図表 3-2　取引所規則と改正法の比較

	東証・有価証券上場規程 432 条	改正法 206 条の 2
対象となる会社	上場会社	公開会社
対象となる取引	第三者割当てを行う場合で， ① 希薄化率が 25％以上となるとき又は ② 支配株主が異動する見込みがあるとき	募集株式の割当て等（親会社等への割当て等及び株主割当てを除く）の結果， ① 引受人（その子会社等を含む）が，総株主の議決権の数の 2 分の 1 を超える議決権を有することとなるとき 　　かつ ② 総株主の議決権の 10％以上を有する株主が反対通知をしたとき
手続が不要となる場合	緊急性が極めて高い場合	当該公開会社の財産の状況が著しく悪化している場合において，当該公開会社の事業の継続のため緊急の必要があるとき
必要となる手続	① 経営者から一定程度独立した者による当該割当ての必要性及び相当性に関する意見の入手 　　又は ② 株主総会決議などによる株主の意思確認	株主総会の普通決議 （定足数は 3 分の 1 以上）

第2節　新株予約権無償割当てに関する割当通知に関する改正（ライツ・オファリングに関連する改正）

> **point　改正のポイント**
> ①新株予約権の割当通知は，割当ての効力発生日後遅滞なく，かつ，当該新株予約権の行使期間の末日の2週間前までに行う必要がある。
> ②ライツ・オファリングの実施に要する期間が，最短で1か月半に短縮された。

1．改正の趣旨

　いわゆるライツ・オファリングとは，株主全員に新株予約権を無償で割り当てる増資手法であり，新株予約権無償割当ての方法により行われる（会社法277条）。ライツ・オファリングにおける資金調達を円滑にするために，新株予約権の割当てを受けた株主が割当てを受けた新株予約権を行使することを促すためには，新株予約権の行使価額を市場株価に比べてディスカウントをする必要がある。その一方，新株予約権の無償割当ての効力発生日から新株予約権の権利行使期間の開始日までの期間が長いほど，発行会社である上場会社，引受証券会社[15]，株主は，株価変動リスクにさらされることとなる。しかし，株主確定日から株主を確定し割当通知の印刷・送付作業等を行うまでには，実務上，上場会社の場合には約2週間要する。また，改正前の会社法のもとでは，株式会社は，株主に無償で割り当てられる新株予約権について，当該新株予約権の行使期間の初日の2週間前までに，株主及びその登録株式質権者に新株予約権の内容及び数等を通知（割当通知）する必要がある（旧法279条2項）。

---

[15] ライツ・オファリングにより割り当てたが，株主により行使されなかった新株予約権を発行会社が取得条項に基づき取得した上で証券会社に売却し，当該証券会社が新株予約権を行使し，行使により取得した株式を市場で売却するコミットメント型ライツ・オファリングの場合には，かかる引受証券会社が存在する。

このことから，株主確定日から権利行使の初日まで約1か月程度の期間が空くこととなり，株価の変動リスクが長期間に及ぶことから，割当通知の期間を見直すべきとの指摘がなされていた。

　そこで，改正法では，株式会社は，新株予約権の割当ての効力発生日後遅滞なく，かつ，当該新株予約権の行使期間の末日の2週間前までに，株主及び登録株式質権者に対し，新株予約権の内容及び数等を通知しなければいけないものとし（改正法279条2項・3項），割当通知の期間が短縮された。

2．改正法後の手続

　改正法により，ライツ・オファリングの実施までの期間が短縮され，改正前の会社法のもとでは，最短で約2か月半要すると解されていた期間が約1か月半に短縮されるようになった[16]。また，新株予約権の無償割当て後，直ちに新株予約権が行使できるようにもなった（図表3-3, 3-4）。

　新株予約権の行使期間の末日が，割当通知の日から2週間を経過する日により前に到来するときは，当該行使期間が当該割当通知の日から2週間を経過する日まで延長される（改正法279条3項）が，ある特定の株主だけ割当通知が遅れた場合には，当該株主だけが当該行使期間が延長され，他の株主の行使期間は延長しない[17]。

---

[16] なお，ノンコミットメント型ライツ・オファリングについては，上場基準の見直しが検討されている（平成26年7月25日付株式会社東京証券取引所上場制度整備懇談会「我が国におけるライツ・オファリングの定着に向けて」）。
[17] 坂本ほか・前掲注3) 14頁。また，かかる行使期間が延長されたとしても，新株予約権に係る登記を変更する必要はない（坂本・一問一答154頁）。

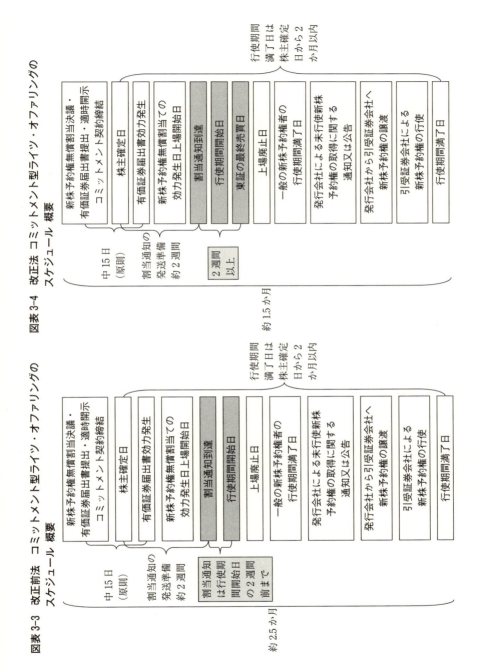

図表 3-3 改正前法 コミットメント型ライツ・オファリングのスケジュール概要

図表 3-4 改正法 コミットメント型ライツ・オファリングのスケジュール概要

第3章 資金調達に関連する改正

第3節　仮装払込みによる募集株式の発行等

> **改正のポイント**
> ①仮装払込みを行った引受人は，払込期日又は払込期間の経過後も仮装した払込金額の全額の支払義務を負う。
> ②仮装払込みに関与した取締役又は執行役も，自らの無過失を立証しない限り，仮装した払込金額の支払義務を負う。

1．改正の趣旨

　募集株式の発行等において，払込みを仮装して株式を発行するといういわゆる見せ金を行った場合，判例は，見せ金によっては実質的に会社の資金が確保されたとはいえないとして払込みの効力を否定している[18]。改正前の会社法のもとでは，払込みとしての効力が否定された場合，株式の引受人は払込期日又は払込期間が経過してしまえば引受権を失うのみ（会社法208条5項）で，払込金額の支払義務を負わない。また，仮装払込みに関与した取締役等の責任についても明確ではなかった。近年，不公正ファイナンスが横行していたことから，かかる制度について問題視されていた。

　そこで，改正法では，仮装払込みを行った増資の引受人は，払込期日又は払込期間の経過後も仮装した払込金額の全額の支払義務を負うこととされた（改正法213条の2第1項）[19]。かかる義務は，総株主の同意がなければ免除することはできず（同2項），株主による責任追及等の訴えの対象となる（改正法847条1項）。仮装払込みに関与した取締役又は執行役も，自らの無過失を立証しない限り，連

18）最判昭和38・12・6民集17巻12号1633頁，最決平成3・2・28刑集45巻2号77頁等。
19）現物出資財産の給付を仮装した場合には，会社の選択により現物出資財産の給付か払込期日時点における現物財産の価額に相当する金銭全額の支払義務となる（改正法213条の2第1項第2号）（坂本・一問一答141頁）。

図表 3-5

	払込義務者の責任		関与した業務執行者等の責任		株主権の行使	
	責任主体	免除要件	責任主体	免除要件	払込義務者	譲受人
発起設立	引受け発起人（改正法52条の2第1項）	総株主の同意（改正法55条）	他の発起人又は設立時取締役（改正法52条の2第2項）	総株主の同意（改正法55条）	改正法52条の2第1項又は52条の2第2項の支払があるまで行使不可（改正法52条の2第4項）	悪意重過失でなければ行使可（改正会社法52条の2第5項）
募集設立	設立時募集株式の引受人（改正法102条の2第1項）	総株主の同意（改正法102条の2第2項）	発起人又は設立時取締役（改正法103条2項）	総株主の同意（改正法103条3項）	改正法102条の2第1項又は103条2項の支払があるまで行使不可（改正法102条3項）	悪意重過失でなければ行使可（改正会社法102条4項）
募集株式の発行等	募集株式の引受人（改正法213条の2第1項）	総株主の同意（改正法213条の2第2項）	取締役又は執行役（改正法213条の3第2項）	—	改正法213条の2第1項又は213条の3第2項の支払があるまで行使不可（改正法209条2項）	悪意重過失でなければ行使可（改正法209条3項）
募集新株予約権の発行	行使した新株予約権者のうち募集新株予約権の引受人又は悪意・重過失の譲受人（改正法286条の2第1項1号）	総株主の同意（改正法286条の2第2項）	取締役又は執行役（改正法286条の3第1項）	—	改正法286条の2第1項又は286条の3第1項の支払があるまで行使不可（改正法282条2項）	悪意重過失でなければ行使可（改正法282条3項）
新株予約権の行使	行使した新株予約権者（改正法286条の2第1項2号・3号）	総株主の同意（改正法286条の2第2項）	取締役又は執行役（改正法286条の3第1項）	—	改正法286条の2第1項又は286条の3第1項の支払があるまで行使不可（改正法282条2項）	悪意重過失でなければ行使可（改正法282条3項）

帯して，仮装した払込金額の支払義務を負うこととされた（改正法213条の3第1項）。ただし，出資の履行を仮装した取締役又は執行役はかかる立証により義務を免れることはできない（改正法213条の3第1項）[20]。

また，かかる仮装払込みを行った増資の引受人は，仮装した払込金額の全額の支払又は取締役若しくは執行役による仮装した払込金額の支払がなされた後でなければ，当該株式に係る株主としての権利を行使することはできないこととされた（改正法209条2項）。なお，当該株式を譲り受けた者を保護するため，悪意又は重過失である場合を除き，当該株式を譲り受けた者は当該株式に係る主としての権利を行使することはできる（改正法209条3項）。

2. 仮装払込みに関する改正法のまとめ

設立時の株式発行や新株予約権に係る払込みについても，同様の問題が生じ得るため，仮装払込みに関して同様の改正がなされた（**図表3-5**）。

---

[20] どのような取締役又は執行役が，「出資の履行を仮装した」に該当するかは，具体的な行為の態様，出資の履行の仮装において果たした役割等により判断されることとなる（坂本・一問一答142〜143頁）。

第 4 章
その他

第 1 節　株主名簿等の閲覧等の拒絶事由

 改正のポイント

株主名簿等の閲覧拒絶事由から，実質的に競争関係にある事業を営むものである場合の規定を削除。

1．株主名簿等閲覧拒絶事由の縮減

　会社法上，株主及び債権者は，株主名簿及び新株予約権原簿の閲覧等を請求することができる（会社法 125 条 2 項・252 条 2 項）。

　ただし，会社法は，いわゆる名簿屋が濫用的に請求を行うなどの弊害に対処するとともに，プライバシー保護に配慮し，株主名簿及び新株予約権原簿の閲覧等の拒絶事由を明文で定めており（会社法 125 条 3 項・252 条 3 項），改正前会社法では，拒絶事由の 1 つとして「請求者が当該株式会社の業務と実質的に競争関係にある事業を営み，又はこれに従事するものであるとき」（旧法 125 条 3 項 3 号・252 条 3 項 3 号，下線筆者）との規定が定められていた。

　これは，会社法制定時に，株主名簿及び新株予約権原簿からも会社の資本政策等に係る情報が把握される可能性があるとの理由から，会計帳簿の閲覧等請求（会社法 433 条 2 項 3 号）と平仄を合わせる形で設けられたものであった。

　もっとも，会計帳簿と異なり，株主名簿及び新株予約権原簿について一般に営業秘密が含まれているとは考えにくく，会社と競争関係にある者が会社の営業秘密を探ることとは無関係に，株主等として権利の確保又は行使に関する調査のために閲覧等を求めた場合に，会社がこれを拒絶することを正当化することはでき

ないとして，この条項についての批判は強く，立法論としては削除されるべきであるとの議論も有力であった[1]。

　また，裁判例でも，株主名簿の閲覧請求が問題となった事案において，会社法125条3項3号について，同条項に該当すれば，「株主（請求者）がその権利の確保又は行使に関する調査の目的で請求を行ったことを証明しない限り」株式会社は株主名簿閲覧請求を拒むことができる，逆に言えば，会社と実質的に競争関係にある株主も，権利の確保又は行使に関する調査の目的であることを証明した場合には，会社は株主名簿の閲覧請求を拒むことができない（つまり同条項は証明責任を転換する旨の規定である）とするもののほか（東京高決平成20・6・12金判1295号12頁参照），同条項について「単に請求者が形式的に競業者に当たるからといって株主名簿の閲覧謄写を拒絶することが許されるならば，このような請求者である株主が少数株主権の行使や委任状による議決権の代理行使の勧誘等を行うことが困難となるばかりか，株主が競業者に当たるかどうかによって，これらの権利行使の可否又は難易が左右されるという不合理な結果を招くことにもなりかねない」と判示したうえで，同条項における競業関係の意味について，単に請求者が株式会社の業務と形式的に競争関係にある事業を営むなどしているというだけでは足りず，株主名簿に記載されている情報が競業者に知られることによって不利益を被るような性質，態様で営まれている事業に限られるという厳格な解釈を示すものもあった（東京地決平成22・7・20金判1348号14頁）。

　このように同条項については，従来から裁判例においても，制限的に解釈されていた。

2．改正の内容

　これらの議論や裁判例を受けて，改正法では，「請求者が当該株式会社の業務と実質的に競争関係にある事業を営み，又はこれに従事するものであるとき」（旧法125条3項3号・252条3項3号）との規定を削除するに至った。

---

1) 平成26年改正前の会社法に関する立法論として，江頭〔第4版〕196頁。

ただし,同条項が削除されても,株主名簿及び新株予約権原簿の閲覧等の請求拒絶事由としては,「権利の確保又は行使に関する調査以外の目的で請求を行ったとき」(会社法125条3項1号・252条3項1号),「会社の業務の遂行を妨げ,又は株主の共同の利益を害する目的で請求を行ったとき」(会社法125条3項2号・252条3項2号)等が定められている。そのため,会社と実質的に競争関係にある事業を営む株主及び債権者による株主名簿等の閲覧等の請求が濫用的なものであると認められる場合には,他の拒絶事由に該当するものと考えられる[2]。

3. 適用時期

本改正については,特に経過規定は設けられておらず,改正法の施行日から直ちに適用される。

4. 実務への影響

前記のとおり,競業他社についての閲覧拒絶事由を定める改正前会社法125条3項3号等は,従来から制限的に解されてきたが,改正法の下では,競業他社であっても,それだけの理由で株主名簿及び新株予約権原簿の閲覧等を拒絶できないことが条文上も明らかとなった。これにより,競業他社が株主となり,委任状争奪合戦(プロキシーファイト)や非友好的な公開買付け等のために株主名簿等の閲覧等を行うことが従前よりも認められやすくなるとも考えられる。

もっとも,前記のとおり,改正法の下でも,会社と実質的に競争関係にある他社による閲覧等の請求が濫用的なものである場合には,他の拒絶事由に該当し,当該閲覧請求等は,拒絶し得ると解される。今後は,競業他社等から株主名簿閲覧等の請求がなされた場合であっても,請求者が権利の確保または行使に関する調査以外の目的で請求を行っていないか,あるいは,会社の業務の遂行を妨げ,又は株主共同の利益を害する目的で請求を行っていないかといった点に向けた立証活動が重要となる(会社法125条3項1号2号・252条3項1号2号参照)。

---

[2] 中間試案補足説明第3部第2の1参照。

なお，会計帳簿に関しては，その閲覧等の請求の拒絶事由についての改正はなく，株主が当該株式会社の業務と実質的に競争関係にある業務を営んでいる場合には，当該株主からの閲覧等の請求を拒絶できる。会計帳簿の閲覧請求拒絶事由に該当するためには，当該株主が当該会社と競業をなす者であるなどの客観的事実が認められれば足り，当該株主に会計帳簿等の閲覧等によって知り得る情報を自己の競業に利用するなどの主観的意図は不要であると解されている（最判平成21・1・15民集63巻1号1頁）。

第2節　募集株式が譲渡制限株式である場合等の総数引受契約

> **point　改正のポイント**
> ①募集株式が譲渡制限株式である場合等の総数引受契約について，新たに取締役会決議等での承認が必要となった。
> ②譲渡制限新株予約権を募集する場合についても同様の改正。

1．改正の趣旨，背景

　会社法では，募集株式が譲渡制限株式である場合，募集株式の割当てを受ける者を定め，かつ，その者に割り当てる募集株式の数を定めるためには，定款に別段の定めがない限り，株主総会の特別決議（取締役会設置会社にあっては，取締役会決議）によらなければならないものとされている（会社法204条2項・309条2項5号）。しかし，募集株式につき総数引受契約が締結される場合には，会社法204条の適用が除外されるため（旧法205条），募集株式が譲渡制限株式である場合であっても，株主総会（取締役会設置会社にあっては，取締役会）の決議は不要とされている[3]。

　また，会社法では，募集新株予約権の目的である株式の全部又は一部が譲渡制限株式である場合，又は譲渡制限新株予約権を募集新株予約権とする募集を行う場合には，募集新株予約権の割当てを受ける者を定め，かつ，その者に割り当てる募集新株予約権の数を定めるためには，定款に別段の定めがない限り，株主総会の特別決議（取締役会設置会社にあっては，取締役会決議）によらなければならないものとされている（会社法243条2項・309条2項6号）。しかし，募集新株予約権につき総数引受契約が締結される場合には，会社法243条の適用が除外され

---

[3]　相澤哲ほか編『論点解説新・会社法──千問の道標』（商事法務，2006）208頁。

るため（旧法244条1項），募集新株予約権の目的である株式が譲渡制限株式である場合であっても，株主総会（取締役会設置会社にあっては，取締役会）の決議は不要とされている[4]。特に，この規定は，ストック・オプションとしての新株予約権の発行実務において，募集事項の決議時点においては割当対象者や割当個数が最終的に確定していないような場合に，割当てに関する取締役会決議（会社法243条2項）を省略し，割当対象者や割当個数の決定を代表取締役に一任するための手法として活用されていることが多い。

もっとも，この総数引受契約の締結により株主総会決議（取締役会決議）が不要となる制度については，譲渡制限株式に関する閉鎖性の維持や既存株主の支配的利益の保護が確保されないとする批判が存在した[5]。

また，会社法204条2項や243条2項は，譲渡制限株式や譲渡制限新株予約権の譲渡の承認の規律を譲渡制限株式や譲渡制限新株予約権の募集に際しても及ぼそうとする趣旨の規定であるところ，この趣旨は総数引受契約が締結される場合にも妥当するとの指摘もあった。

2．改正の内容

改正法では，前述の議論を踏まえ，譲渡制限株式を募集株式とする募集を行う場合で引受人が総数引受契約を締結して引き受けるときには，定款に別段の定めがない限り，会社はあらかじめ株主総会の特別決議（取締役会設置会社の場合には取締役会決議）によって当該契約の承認を受けることが必要とされた（改正法205条2項・309条2項5号）。

また，募集新株予約権の目的である株式の全部又は一部が譲渡制限株式であるとき，又は譲渡制限新株予約権を募集新株予約権とする募集を行う場合で引受人が総数引受契約を締結して引き受けるときには，定款に別段の定めがない限り，

---

[4] 相澤ほか編・前掲注3）208頁。
[5] 譲渡制限株式の第三者割当ての場合には，会社法204条2項の規定が類推されるべきと主張する見解として，神田秀樹編『会社法コンメンタール5』（商事法務，2013）64頁［吉本健一執筆部分］。また，譲渡制限新株予約権に関しても，同旨を述べるものとして江頭憲治郎編『会社法コンメンタール6』（商事法務，2009）88頁［吉本健一執筆部分］。

会社はあらかじめ株主総会の特別決議（取締役会設置会社の場合には取締役会決議）によって当該契約の承認を受けることが必要とされた（改正法244条3項・309条2項6号）。

3．適用時期

改正法の施行日前に会社法199条2項に規定する募集事項の決定があった場合におけるその募集株式については，改正法205条2項の規定は適用しないものとされている（改正法附則12条）。また，募集新株予約権については，改正法の施行日前に会社法238条1項に規定する募集事項の決定があった場合におけるその募集新株予約権については，改正法244条3項の規定は適用しないものとされている（改正法附則13条）。

> **point 実務のポイント**
>
> 前記のとおり，従来のストック・オプションの発行実務では，募集事項の決議時点においては割当対象者や割当個数が最終的に確定していない場合を中心に，割当対象者や割当個数の決定を代表取締役に一任するための手法として，総数引受契約が活用されることが多かった。しかし，改正法の施行後は，譲渡制限新株予約権（会社法236条1項6号参照。ストック・オプションの場合，通常当該規定が置かれることになる）の総数引受契約を行うためには，定款に別段の定めがない限り，株主総会の特別決議（取締役会設置会社の場合には取締役会決議）が必要となる。このため，改正法の施行後は，総数引受契約による場合でも，取締役会決議等が必要となる前提でストック・オプションの発行スケジュール等を考える必要がある。

第3節　監査役の監査の範囲に関する登記

改正のポイント

監査役の監査の範囲を会計に関するものに限定する旨の定款の定めがある株式会社について，当該定款の定めを登記事項に追加する。

1．改正の経緯

　会社法上，監査役の監査範囲は，原則として業務監査と会計監査に亘るものの，公開会社（会社法2条5号）でない株式会社の場合，定款で監査役の監査の範囲を会計に関するものに限定する旨を定めることができる（会社法389条1項）。ただし，会社法上，「監査役設置会社」（会社法2条9号）は，監査役の監査の範囲を会計に関するものに限定する旨の定款の定めがある株式会社は含まれないものと定義されているから，株式会社がそのような定款の定めを設けた場合，当該会社は，会社法2条9号に定義される「監査役設置会社」には該当しないことになる。

　他方，監査役を設置している株式会社では，監査役設置会社である旨と監査役の氏名を登記する必要があるところ，改正前会社法のもとでは，ここでいう「監査役設置会社」は，会社法2条9号に定義される監査役設置会社と異なり，監査役の監査の範囲を会計に関するものに限定する旨の定款の定めがある株式会社を含むとされていた（旧法911条3項17号）。このため，監査役を設置している株式会社は，監査役の監査の範囲に関係なく，「監査役設置会社」としての登記を行うことになる。

　これに対し，監査の範囲を会計の範囲に限定する旨の定款の定めは，内部的な制限にすぎず，公示の必要性に乏しいものであるとして，会社法上，登記事項とされなかった。そのため，会社法上の「監査役設置会社」の定義と登記事項との規律が異なっており，「監査役設置会社」については，これが監査役による監査

の範囲を会計に関するものに限定する旨の定款の定めがない株式会社（会社法2条9号）であるか、それとも、このような定款の定めがある株式会社であるかが、登記上、区別されず（旧法911条3項17号参照）、公示制度としての不備が指摘されていた。

また、会社法上、監査役設置会社が監査役の監査の範囲を会計に関するものに限定する旨の定款の定めを有しているか否かによって会社法上の規律が異なる場合がある。例えば、監査役の監査の範囲を会計に関するものに限定する旨の定款の定めがない監査役設置会社が役員等に対する責任追及等の訴えの提訴請求（会社法847条1項）を受ける場合には、監査役が当該株式会社を代表する（会社法386条2項1号）。他方、監査役の監査の範囲を会計に限定する定款の定めがある監査役設置会社が上記の責任追及等の訴えの提訴請求を受ける場合には、代表取締役が当該株式会社を代表することになる（会社法349条4項）。

このように、監査役設置会社が監査役の監査の範囲を会計に関するものに限定する旨の定款の定めを有しているか否かによって会社法上の規律が異なり、会社法上の定義と登記事項との規律が異なることによる混乱が生じ得ることから、改正法では、このような定款の定めがある場合には、その旨を登記上も明確にすることが相当であるとして、当該定款の定めを登記事項に追加するものとされた。

2. 改正の内容

改正法では、監査役の監査の範囲を会計に関するものに限定することを定款で定めている会社はその旨を登記することが義務付けられる（改正法911条3項17号イ）。

なお、監査役の監査の範囲を会計に関するものに限定する旨の定款の定めがあるとみなされる特例有限会社（会社法の施行に伴う関係法律の整備等に関する法律〔平成17年法律87号〕24条）については、当該定款の定めがある特例有限会社である旨を登記事項とはしていない（会社法の一部を改正する法律の施行に伴う関係法律の整備等に関する法律〔平成26年法律91号〕14条）。これは、特例有限会社は「監査役設置会社」であることは登記事項とはされていないため（会社法の施行に

伴う関係法律の整備等に関する法律43条1項，旧法911条3項17号），登記上「監査役設置会社」とされることにより混乱が生じるおそれがなく，また，特例有限会社は，その商号中に「有限会社」という文字を用いることから（会社法の施行に伴う関係法律の整備等に関する法律3条1項），監査役の監査の範囲が会計に関するものに限定されていることが商号からも明らかだからである[6]。

3．適用時期

　改正法施行日以降，監査の範囲を会計に関するものに限定する旨の定款の規定を設ける場合，定款変更の効力発生によって登記をする義務が生じる。

　ただし，改正法の附則によれば，改正法施行の際に，監査の範囲を会計に関するものに限定する旨の定款規定を設けている会社は，改正法施行後，最初に監査役が就任し，又は退任するまでの間は，登記することを要しない（改正法附則22条1項）。

　これは，監査役の監査の範囲を会計に関するものに限定する旨の定款の定めがある株式会社は中小企業が多く，改正法により中小企業の登記の実務が混乱するとして，登記事項が追加されることを徹底的に周知すると同時に，十分な経過措置を導入することが要望されていたこと（会社法制部会第22回会議議事録29頁［伊藤委員発言］）に対応したものと考えられる。

4．実務への影響

　施行日以降，監査役の監査の範囲を会計に関するものに限定する旨の定款の定めを設けた株式会社は，その旨の登記申請を行わなければならない。

　一方，改正法附則22条1項のとおり，改正法施行の際に，監査の範囲を会計に関するものに限定する旨の定款の定めを設けている会社については，改正法施行後，最初に監査役が就任し，又は，退任するという他に監査役に関して登記すべき事項が生じたときに併せて登記申請を行うことになる。このため，監査役の

6）　坂本・一問一答342頁。

任期を伸長（会社法336条2項）している会社では，監査の範囲を会計に関するものに限定する旨の定款の定めの登記が，長期間に亘り行われない可能性もある。

また，監査の範囲を会計に関するものに限定する旨の定款の定めは，会社法の施行により定款の相対的事項とされたものであるが，当該定款の定めを置く会社の中には，会社法施行当時（平成18年5月1日）において旧商法特例法上の小会社であったことにより，当該定款の定めがあるものとみなされた会社（会社法の施行に伴う関係法律の整備等に関する法律53条）も多い。これら会社の中には，このみなし定款規定を形式上の定款に反映していない等，当該定款規定が存在していることが意識されていない会社もあり，そのような会社の中から，かかる登記申請を怠る会社が現われる可能性も否定できない。そのため，監査の範囲を会計に関するものに限定する旨の定款の定めがあっても（あるいは，当該定款の定めがあるとみなされていても），その旨の登記がある会社とそうでない会社が併存する可能性が否定できず，公示上の混乱を来す可能性も指摘されるところであるから[7]，実務上は登記簿での確認に加えて，定款規定（みなし定款規定を含む）の確認を行う方が良い場合も考えられる。

なお，実務上，監査の範囲を会計に関するものに限定する旨の定款の定めを廃止し，業務監査と会計監査の両権限を有する監査役を置くことにすることも考えられる。この場合には，現任の監査役にとっては，権限の拡大となることから，いったん任期満了により退任することとなり（会社法336条4項3号），そのうえで，改めて監査役に選任される必要がある[8]。

---

[7] 鈴木龍介「非上場会社にも影響があるのか」ビジネス法務2012年11月号53頁。
[8] 鈴木・前掲注7) 53頁。

第4節　発行可能株式総数に関する規律

 改正のポイント
公開会社におけるいわゆる「4倍規制」の徹底。

1. 改正の背景

　公開会社（会社法2条5号）は，定款を変更して発行可能株式総数を増加する場合には，変更後の発行可能株式総数は，当該定款の変更が効力を生じた時における発行済株式総数の4倍を超えることができず（旧法113条3項），設立時発行済株式の総数は，発行可能株式総数の4分の1を下ることができない（会社法37条3項）ものとされている。このように公開会社においては，発行可能株式総数が発行済株式総数の4倍を超えてはならない旨の規制があり，これがいわゆる「4倍規制」である。

　この4倍規制の趣旨は，公開会社が譲渡制限株式以外の株式を発行する場合には株主総会・種類株主総会の決議を要せず，取締役会決議により発行できること（会社法201条1項・199条4項・202条3項3号）との関係で，取締役会に無限定の授権を与えることを回避する点にある[9]。

　もっとも，会社法上，株式の併合により発行済株式の総数が減少する場合には改正前会社法113条3項は適用されないと解されていた（平成18年3月31日付法務省民商第782号通達「会社法の施行に伴う商業登記実務の取扱いについて」11頁）ため，株式併合がなされた場合には結果として発行可能株式総数が発行済株式総数の4倍を超えることが許容されていた。

　また，非公開会社が株式を発行する場合については，株主割当てでかつ定款に特段の定めがある場合を除き株主総会の特別決議を要する（会社法199条2項・

---

9) 江頭〔第5版〕70頁。

200条1項・202条3項4号・309条2項5号）ことから，取締役会が権限を濫用する危険が小さいこと，及び，ベンチャー企業では設立後短期間に大量の株式発行が必要な場合が多いこと等の理由から4倍規制は適用されないところ[10]，公開会社でない会社が譲渡制限の定めを撤廃する旨の定款変更をして公開会社となる場合にも，4倍規制は適用されないものと解されていた[11]。

さらに，新設合併等により設立される会社については，公開会社について，設立時発行株式の総数は発行可能株式総数の4分の1を下ることができないとする会社法37条3項の適用が除外されていたため（旧法814条1項），4倍規制は適用されないものと解されていた。

このように改正前会社法の下では，4倍規制の趣旨は必ずしも徹底されていなかった。

2．改正の内容

そこで，改正法は，株式会社は株式の併合をしようとするときは，株主総会の決議によって，効力発生日における発行可能株式総数を定めるものとされ（改正法180条2項4号），公開会社でない会社の場合を除き，その発行可能株式総数は株式併合の効力発生日における発行済株式の総数の4倍を超えることができないものとした（改正法180条3項）。株式の併合をした株式会社は，株式併合の効力発生日に，改正法180条2項4号に掲げる事項についての定めに従い，当該事項に係る定款の変更をしたものとみなされる（改正法182条2項）。

また，改正法は，公開会社でない株式会社が定款を変更して公開会社となる場合には，当該定款の変更後の発行可能株式総数は，当該定款の変更が効力を生じた時における発行済株式の総数の4倍を超えることができないものとした（改正法113条3項2号）。

さらに，改正法は，新設合併等により設立される会社に関して，会社法37条

---

[10] 江頭〔第5版〕71頁。
[11] 山下友信編『会社法コンメンタール 3』（商事法務，2013）181頁［鈴木千佳子執筆部分］。

3項を適用除外対象から除外することとしたため（改正法814条1項），新設合併等により設立される会社についても，公開会社の場合，設立時発行株式の総数は，発行可能株式総数の4分の1を下ることができないこととなった（会社法37条3項参照）。

このように，改正法は，株式併合の場合，非公開会社の公開会社化の場合，及び新設合併等により設立された株式会社の場合のいずれにおいても4倍規制を及ぼすことで4倍規制の趣旨を貫徹している。

3．適用時期

改正法の附則によれば，施行日前に公開会社でない株式会社が公開会社となる旨の定款の変更に係る決議をするための株主総会の招集手続が開始された場合や，株式併合に関する会社法180条2項の決議をするための株主総会の招集手続が開始された場合には，なお従前の例による，とされている（改正法附則7条・11条）。このため，改正法の規律は，改正法施行日以降に公開会社となるための定款変更や株式併合を決議するための株主総会の招集手続が開始された場合に適用される。

第5節　特別口座の移管

> **point 改正のポイント**
> ①特別口座の移管が可能となった。
> ②特別口座の移管のための手続。

1．改正の趣旨

　特別口座とは，会社が特定の銘柄の振替株式を交付しようとする場合において，会社が当該振替株式の株主又は登録株式質権者のために開設された振替株式の振替を行う口座を知ることができず，かつ，当該振替株式の株主又は登録株式質権者となるべき者が一定の日までに会社に振替を行う口座を通知しなかった場合に，会社が，当該株主又は登録株式質権者のために振替機関等に対して開設の申出をする振替株式の振替を行うための口座をいう（社振法131条3項等）。

　特別口座については，上場会社同士が合併する等した場合には，複数の振替機関に特別口座が開設された状態となることがあり，特別口座を別の振替機関等に集約・移管させることが望ましい場合がある。しかし，従来，特別口座の移管のための手続が社振法に規定されていないという問題があった。

　また，発行会社の株主名簿管理人である振替機関等に特別口座を開設していたところ，発行会社が株主名簿管理人の変更に伴い振替機関等を変更する場合には，変更後の株主名簿管理人に対して特別口座を移管させたいというニーズが存在した。しかし，社振法には，そのための根拠規定が存在しなかったところでもあり，特別口座の移管の手続を創設する必要性が認識されていた。

2．改正の内容

　そこで，改正法は，特別口座に記載され，又は記録された振替株式の発行者は，一括して，当該特別口座を開設した振替機関等（以下「移管元振替機関」という）

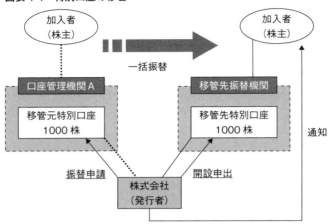

図表 4-1 特別口座の移管

以外の振替機関等に対し、当該特別口座の加入者のために当該振替株式の振替を行うための特別口座（以下「移管先特別口座」という）の開設の申出をした上、移管元振替機関等に対して、移管先特別口座を振替先口座とする振替の申請を行うことを可能とした（改正社振法133条の2。なお、社債、新株予約権についても、同様の改正がなされている。図表 4-1 参照）。

3．適用時期

本改正について、経過措置に関する規定は特に設けられていない。このため、改正法の施行日から改正法の規律に従い、移管が可能になる。

> **point 実務のポイント**
>
> 複数の振替機関等に特別口座が開設されることになった場合に、これらの複数の特別口座を1つの振替機関等に集約することが可能となる。また、ある振替機関等に開設された特別口座を別の振替機関等に開設された特別口座に移管することが可能となる。従来株主名簿管理人等の変更をした場合に、特別口座のみ従前の株主名簿管理人の下で開設を続ける例も多かったが、改

正法の規律に従って，移管を実施することで，従来に比して効率的な管理が期待できる。

事項索引

あ行

意見陳述権 …………………………… 46
インセンティブのねじれ …………… 54
売渡株主 ……………………………… 107
売渡株式 ……………………………… 107
　――等の取得 ……………………… 109
　――等の取得の無効の訴え ……… 111
　――等の取得をやめることの請求
　　…………………………………… 111
　――等の撤回 ……………………… 109
　――等の売買価格の決定の申立て
　　…………………………………… 113
売渡新株予約権者 …………………… 107
親会社 ………………………………… 29
　――との利益相反取引 …………… 94
親会社等 ……………… 23, 24, 95, 165
親会社取締役による子会社監督義務
　………………………………………… 87

か行

会計監査人の選解任 ………………… 55
会計監査人の報酬等 ………………… 56
会計帳簿 ……………………………… 182
開示加重要件 ………………………… 30
会社分割の詐害性 …………………… 153
買取価格決定前の支払制度 … 132, 137
買取口座 ……………………………… 133
過去要件の緩和 ………………… 33, 34
仮装払込み ……………………… 176, 178
株式買取請求 …………………… 128, 132
　――に係る撤回制限 ……………… 132
　――の効力発生時点 ………… 132, 136

株式交換等完全子会社 ……………… 77
株式譲渡契約 ………………………… 130
株式等売渡請求 ……………………… 102
株式の併合 …………………………… 121
　――に対する差止請求 …………… 125
株主総会等の決議取消しの訴え …… 160
株主代表訴訟制度 …………………… 64
株主名簿 ……………………………… 179
簡易組織再編，略式組織再編等における
　株式買取請求権 ……………… 132, 140
監査委員会 …………………………… 55
監査等委員 …………………………… 38
　――である取締役 ………………… 38
　――の選解任 ……………………… 40
　――の任期 ………………………… 40
　――の報酬等 ……………………… 41
監査等委員会設置会社 ……………… 35
監査役設置会社 ……………………… 186
監査を支える体制等 ………………… 89
完全親会社等 ………………………… 66
完全子会社等 ………………………… 66
関連当事者 …………………………… 95
企業行動規範 ………………………… 171
キャッシュ・アウト ………………… 99
旧株主 ………………………………… 77
　――による責任追及等の訴え …… 77
兄弟会社 …………………… 23, 24, 29
業務執行取締役等 ……………… 60, 61
近親者 ………………………………… 23
グループ内の株式等の譲渡 ………… 129
グループ内部統制 …………………… 83
原告適格 ………………………… 65, 160

197

公開買付け	131
交付株式	166
子会社株式等の譲渡	126
子会社等	24, 164
5分の1基準	72
個別株主通知	168
コーポレート・ガバナンス報告書	29
コーポレートガバナンス・コード	21
Comply or Explain	16

さ行

債権者保護手続	161
最終完全親会社等	66
──の株主	66
最低責任限度額	59
詐害的な会社分割	149
指名委員会等設置会社	35
社外監査役	19, 23-34
──の要件の厳格化	23
社外性の要件厳格化	31, 32, 34
社外取締役	16-34
──の選任義務付け	16, 21
──の要件の厳格化	23
──を置くことが相当でない理由	16-19, 23
従業員代表監査役	4
重要性基準	72
重要な使用人等	25
重要な取引先	23, 25, 31
準備金	161
常勤の監査等委員	38
少数株主権	68
少数株主権等	168
譲渡制限株式	183
譲渡制限新株予約権	183
新株発行	129

新株予約権原簿	179
新株予約権無償割当て	173
人的分割	161
ストック・オプション	184
責任原因事実	66
責任限定契約	59
責任追及等の訴え	64
全部取得条項付種類株式	115
──の取得価格決定申立て	119
──の取得の差止め	120
総数引受契約	183
組織再編の差止請求	144
訴訟告知	75, 80

た行

第三者割当て	165
多重代表訴訟制度	64
適格旧株主	77
特定完全子会社	72
特定完全子法人	103
特定責任	69
──追及の訴え	65
特別口座	193
特別支配株主	103
特別支配株主完全子法人	103
独立性基準	30
独立役員	21, 28-30
──の属性情報	29
独立役員届出書	29
取引条件及び取引条件の決定方針	95

な行

内部統制システム	83
──の運用状況	91
二層システム	9

は行
発行可能株式総数 ……………………… 190
非業務執行取締役等 …………………… 60
振替株式 ………………………………… 193
振替機関等 ……………………………… 193
分割会社に知れていない債権者 ……… 156
分配可能額 ……………………………… 161

ま行
モニタリング・モデル ………………… 9

や行
4倍規制 ………………………………… 190

ら行
利益相反取引 …………………………… 47
利益の供与 …………………………… 75, 81
略式手続 ………………………………… 128

わ行
割当通知 …………………………… 173, 174

平成26年改正会社法 —— 改正の経緯とポイント〔規則対応補訂版〕
Revision of the Companies Act of 2014 - Process and Key Points
: Revised and Enlarged Edition

2014年11月25日　初版第1刷発行
2015年 5 月10日　規則対応補訂版第1刷発行

編著者　野村修也
　　　　奥山健志

発行者　江草貞治

発行所　株式会社 有斐閣

印　刷　萩原印刷株式会社
製　本　大口製本印刷株式会社

©2015, NOMURA Shuya, OKUYAMA Takeshi.
Printed in Japan
落丁・乱丁本はお取替えいたします。
ISBN 978-4-641-13719-6

郵便番号 101-0051
東京都千代田区神田神保町2-17
電話(03)3264-1314［編集］
　　 (03)3265-6811［営業］
http://www.yuhikaku.co.jp/

JCOPY　本書の無断複写(コピー)は、著作権法上での例外を除き、禁じられています。複写される場合は、そのつど事前に、(社)出版者著作権管理機構(電話03-3513-6969、FAX 03-3513-6979、e-mail : info@jcopy.or.jp)の許諾を得てください。

本書のコピー, スキャン, デジタル化等の無断複製は著作権法上での例外を除き禁じられています。本書を代行業者等の第三者に依頼してスキャンやデジタル化することは, たとえ個人や家庭内での利用でも著作権法違反です。